Edición exclusiva impresa bajo demanda
por CreateSpace, Charleston SC.

Editorial Alfa
Apartado 50304, Caracas 1050, Venezuela
Telf.: [+58-2] 762.30.36 / Fax: [+58-2] 762.02.10
e-mail: contacto@editorial-alfa.com
www.editorial-alfa.com

ISBN: 978-980-354-330-3

Diseño de colección
Ulises Milla Lacurcia

Diagramación
Rozana Bentos

Corrección
Magaly Pérez Campos

Fotografía del autor
Efrén Hernández

Imagen de portada
Firma del Acta de la Independencia de Martín Tovar y Tovar
París, 1883. Óleo sobre tela, 454 x 656 cm.
Fotografía: Reinaldo Armas Ponce
Colección Palacio Federal Legislativo

Printed by CreateSpace, An Amazon.com Company

Las constituciones de Venezuela (1811-1999)

Rafael Arráiz Lucca

EDITORIAL
ALFA

ÍNDICE

DEDICATORIA

Dedico este manual a mis profesores en la Facultad de Derecho de la Universidad Católica Andrés Bello, en Caracas. En particular, a la memoria de Luis María Olaso, S.J., Sebastián Artiles, Reinaldo Rodríguez Navarro, Francisco Arruza, S.J., Fernando Pérez Llantada, S.J. y Hugo Mármol Marquís.

A la vida presente de José Guillermo Andueza, Hermes Harting, James Otis Rodner, Andrés Caldera Pietri, Luis Enrique Farías Mata, Gustavo Sucre, S.J., Henrique Meier Echeverría, Julio Rodríguez Berrizbeitia, Salvador Yanuzzi, Asdrúbal Aguiar Aranguren, Luis Beltrán Guerra y Gonzalo Parra Aranguren. Todos me llevaron a comprender la importancia de las leyes para la conformación de una comunidad política eficiente y pacífica.

A mis alumnos en la cátedra de Filosofía del Derecho en la Universidad Metropolitana, en Caracas, con quienes me adentré en el laberinto de las palabras, buscando la luz.

A mis alumnos en la cátedra de Estudios Venezolanos en la Universidad del Rosario, en Bogotá, con quienes intento esclarecer ese enigma llamado Venezuela.

RAL

PRÓLOGO

En las páginas siguientes el lector hallará un texto principal en el que se recorre la travesía constitucional venezolana entre 1811 y 1999, atendiendo a cinco variables que se explican en la introducción. A este texto central le siguen cuatro cuadros explicativos, con algunas observaciones estadísticas, y un conjunto de artículos puntuales, muchos de ellos escritos al calor de la dinámica nacional, entre 1999 y 2010, cuando el tema constitucional y sus consecuencias estuvieron sobre la mesa del laboratorio. La tercera y última parte incluye cinco anexos documentales que no requieren explicación.

Sugerimos que se considere un manual a esta obra breve. En tal sentido, el lector podrá contar con algunos parámetros e información para comprender mejor el devenir constitucional venezolano. Siendo tantas las cartas magnas que se han sancionado desde que se constituyó la República de Venezuela, se hace evidente que representan algo sustancial para nuestra historia política, bien sea por lo que revela su abundancia o por lo que se oculta en ella. Sirvan, pues, estas páginas como mínimo mapa para comprender los extremos y el centro en sus aspectos principales, así como de invitación a seguir penetrando en el laberinto de las constituciones nacionales.

RAL

INTRODUCCIÓN

En las líneas que siguen nos aproximaremos al contexto que hizo propicia la promulgación de cada una de las constituciones venezolanas, bien sea porque fueron fruto de una Asamblea Constituyente o porque las redactó un Congreso electo sin fines constituyentistas. El propósito de este manual no es exhaustivo sino restrictivo y preciso. Nos interesa compulsar algunas variables en cada una de las cartas magnas, así como algunas constantes que advertiremos a lo largo de la investigación y estableceremos en el espacio final de las conclusiones.

Estas variables estarán precedidas del dibujo interpretativo del contexto histórico y serán, en primer lugar, la indagación acerca del espíritu del texto constitucional: federalista o centralista; es decir, si reconoce la importancia de la autonomía de los entes descentralizados o propugna el centralismo. Luego, revisaremos el sistema electoral: quiénes votan y cómo votan. La tercera variable será la extensión del período presidencial. La cuarta, las posibilidades de reelección inmediata del mandatario o bien con uno o dos períodos de por medio. La quinta y última será la organización político-territorial de la República.

Además de las variables y del contexto histórico, nos detendremos en los cambios que introducen algunas constituciones, distinguiéndose en particular aquellas que signifiquen un paso hacia adelante en la vocación democrática venezolana, reflejada en el sistema electoral o en la apertura descentralizadora que cada una representó, dando por sentado que la descentralización del poder es un rasgo inequívoco de la democracia, así como la concentración es un signo de su contrario.

En este sentido, es evidente que la Constitución de 1811 fue fundamental por su espíritu federal, pero la de 1819 no lo es menos por su voluntad contraria. De suma importancia será la de 1830, precisamente por su impronta híbrida y conciliatoria, que denotaba una búsqueda de consensos nacionales: esfuerzo típico de las sociedades que quieren vivir en paz. Luego, es evidente que la de 1858, al consagrar el voto directo, se erige como un hito, así como la de 1864 lo es por la instauración del Estado federal. Por más que en la práctica fuese muy difícil materializarlo, el haberlo consagrado en el texto constitucional ya era un *desiderátum*. De significación será la de 1893, que restauró el espíritu democrático perdido con las reformas de las constituciones guzmancistas.

Después, se necesitó que pasaran 54 años para que se introdujeran cambios sustanciales en el texto constitucional, ya que las reformas constitucionales de Castro y Gómez estuvieron signadas por improntas acomodaticias de orden personal. Ello ocurre con la de 1947 (seguida en lo fundamental por la de 1961), que universalizó el voto, incorporando a las mujeres a la vida política ciudadana, siendo este uno de los pasos centrales de nuestra historia republicana. Finalmente, llegamos a la de 1999, la que consagra constitucionalmente la voluntad descentralizadora expresada en la Ley de Descentralización Política y Administrativa de 1989, momento en que la vieja deuda con el espíritu autonómico nacional fue saldada.

Aclaramos que este trabajo está ceñido por la brevedad y por su espíritu divulgativo. Para estudios constitucionales completos, el interesado cuenta con las obras exhaustivas del profesor Allan Randolph Brewer-Carías (*Historia Constitucional de Venezuela*, Editorial Alfa, Caracas, 2008. *Las constituciones de Venezuela*, Academia de Ciencias Políticas y Sociales, Caracas, 2008), así como estudios puntuales acerca de diversas constituciones importantes, como los compilados por los profesores Elena Plaza y Ricardo Combellas en los volúmenes de *Procesos constituyentes y reformas constitucionales en la historia de Venezuela: 1811-1999* (Universidad Central de Venezuela, Caracas, 2005).

Comenzaremos nuestra revisión con la visita acotada a los antecedentes históricos. Esta incluye las abdicaciones de Bayona, la junta de 1808, la malhadada Regencia de comienzos de 1810 y los sucesos del 19 de abril del mismo año. Nos detendremos en el Acta de la Independencia del 5 de julio de 1811 y, naturalmente, en nuestra primera Constitución, la federal, de diciembre de 1811.

ANTECEDENTES HISTÓRICOS

Es imposible comprender los hechos sin atender a su cadena cronológica, a los ayuntamientos de las causas y las consecuencias; por ello, es necesario recordar que el 19 de abril de 1810 es hijo del intento de creación de la primera junta por parte de los criollos principales caraqueños, en 1808 y esta, a su vez, es fruto directo de los sucesos de Bayona. De allí que los dos años previos al 19 de abril sean indispensables para comprender su ocurrencia.

Incluso, no huelga recordar que en 1805 la corona española pierde la batalla de Trafalgar en contra de la británica y que este hecho marcó el inicio de su declive. Más aún, conviene consignar otro hecho esclarecedor: la Corona española venía endeudándose a partir de 1770, además de que había exigido mayores tributos a sus provincias de ultramar, de acuerdo con los planes de la dinastía borbónica. Además, las llamadas Reformas Borbónicas trajeron como consecuencia en las provincias americanas una mayor concentración en el puño metropolitano, en detrimento de los criollos, para quienes la postergación a favor de los peninsulares era causa de irritaciones. Este proceso en las provincias indianas va a darse a finales del siglo XVIII, contemporáneamente con los conflictos que tenía España con Francia, Portugal e Inglaterra. De modo que no se exagera al afirmar que las dificultades entre Carlos IV y Fernando VII, a comienzos del XIX, fueron cocinadas a fuego lento por sus antecesores hasta el punto de sumergir al imperio español en una crisis que va a darle cabida a las revoluciones de las provincias americanas, para entonces lejanas, desasistidas comercialmente y, también, en conocimiento de los hechos independentistas de Norteamérica (1776), de la Revolución francesa (1789) y de la independencia de Haití (1804).

En marzo de 1808 Fernando VII, entonces príncipe de Asturias, logra la abdicación de su padre a su favor. Se valió del descontento que reinaba en contra del ministro Manuel Godoy, a quien la mayoría lo hacía responsable de todas las calamidades del reino. Para entonces, Carlos IV había autorizado el paso del ejército napoleónico hacia Portugal, después del Tratado de Fontainebleu, en 1807. La situación era tan comprometida, que Fernando VII buscó el reconocimiento de Napoleón, ya que estaba gobernando un reino invadido por un ejército extranjero de grandes proporciones. Napoleón no respondió y a Fernando VII no le quedó otro camino que irse a Bayona, sin abandonar sus aspiraciones. Hasta allá fue enviado su padre, en una maniobra urdida por Napoleón.

LOS SUCESOS DE BAYONA Y LA JUNTA DE 1808

La voluntad expansionista de Napoleón Bonaparte se expresó en una emboscada que les tendió a Carlos IV y a Fernando VII, padre e hijo, con aspiraciones distintas al trono, en Bayona (Francia), como dijimos antes. Allí, cada uno buscaba lo suyo: Carlos IV, que Fernando VII le restituyera la corona, que alegaba haber entregado a su favor obligado por las circunstancias; Fernando VII, que Napoleón le reconociera como rey y, por su parte, Napoleón buscaba que Carlos IV le entregara la corona a él para, a su vez, colocarla en la cabeza de su hermano José Bonaparte. Esto último fue lo que ocurrió: Fernando VII le devolvió la corona a su padre y este se la entregó a Napoleón, quedando al margen del poder la dinastía de los Borbones.

Estos hechos fueron el corolario de una crisis que padecía la Corona española y que sería imposible explicar plenamente en pocas líneas. Un punto de inflexión de estos sucesos lo constituye el momento en que Carlos IV permite la entrada de las tropas francesas en la península ibérica con el objeto de intervenir en Portugal, en medio de negociaciones del Tratado de Fontaine-bleu, ya citado, cosa que irritaba a los seguidores de su hijo, Fernando VII, quienes azuzaban las desavenencias. Por su parte, el pueblo español comenzó a reaccionar más allá de la voluntad de su rey ante la invasión francesa. La presión del pueblo conduce a la crisis y los franceses trazan la emboscada de Bayona. Hasta allá llevan a la Casa Real y ocurre la abdicación a favor de Napoleón, como dijimos antes. Por su parte, esta crisis forma parte del avance del corso más allá de las fronteras de Francia. La expansión territorial napoleónica buscaba cerrar un círculo de reinos en torno a Francia, y dejarlos en manos de sus parientes, con el objeto de impedir el paso comercial del imperio británico en la Europa continental.

El 5 de mayo de 1808, Carlos IV cede sus derechos a Napoleón y este los entrega en manos de su hermano José. Tres días antes, el pueblo de Madrid se había alzado en contra de los invasores franceses y, a partir de entonces, comenzó el proceso de organización de juntas en la península. Estas buscaban formar gobiernos en la resistencia, defendiendo los derechos de Fernando VII por encima de los del rey usurpador, y llegaron a ser 18 las juntas peninsulares.

La noticia de las abdicaciones de Bayona llega a Caracas en los primeros días de julio de 1808, gracias al envío que hace desde Cumaná el gobernador de la provincia, don Juan Manuel de Cagigal, quien remite un ejemplar del *Times* de Londres donde se relatan los hechos. El capitán general Juan de Casas encargó la traducción al joven caraqueño Andrés Bello, quien fungía como oficial de secretaría de la Capitanía General.

Pocos días después recaló en La Guaira el bergantín *Serpent* con los papeles que conminaban a reconocer a José Bonaparte como rey. El teniente Paul de Lamanon desembarcó el 15 de julio y subió de inmediato a Caracas a presentarse, investido de autoridad, ante el capitán general Casas. Otra vez, el joven Bello sirvió de traductor para entender lo que decía el francés y, años después, relató don Andrés a su biógrafo Miguel Luis Amunátegui (*Vida de don Andrés Bello*, 1882) que al irse Lamanon del despacho de Casas, este se fue en llanto.

La reacción de los criollos no se hizo esperar a favor de Fernando VII. Fue tanta que esa misma noche tuvo que salir Lamanon con escolta hacia La Guaira, de donde intenta zarpar al día siguiente, huyéndole a la furia de los criollos caraqueños. La fidelidad al rey de España se manifestaba con una vehemencia que, probablemente, los franceses no esperaban.

Concomitante con la peripecia de Lamanon, el almirante Cochrane de la Armada inglesa, ya al tanto de los sucesos de Bayona, le ordena al capitán Beaver dirigirse a Cumaná y La Guaira con dos noticias: la de los sucesos como tales, y la de la alianza entre su Corona y la de España. Esta decisión cambió el mapa geopolítico de su tiempo. La oferta que traía Beaver era de auxilio en el trance. El recibimiento que el capitán general Casas le dio al capitán inglés fue helado: demasiados años de enfrentamientos pesaban como para pasar la página y tener a los ingleses por aliados, además de que las sospechas prosperaban más que la certidumbre en aquel clima de confusión.

En lo sucesivo, el capitán general Casas decide promover las deliberaciones entre las autoridades de la provincia, con el objeto de elaborar un proyecto de creación de una Junta de Gobierno, en funciones mientras durara la situación de acefalía borbónica. Muy pronto, el proyecto contó con la animadversión del regente Joaquín de Mosquera, a quien veremos luego en papel de perseguidor. En estas labores se estaba cuando llegó, el 5 de agosto de 1808, el capitán de navío José Meléndez Bruna con la noticia de la creación de la Junta de Sevilla y la orden de seguir su autoridad. A partir de entonces, la discusión entre los criollos principales y los peninsulares con residencia e intereses en las provincias de la Capitanía General, devino jurídica y fundamental. El meollo del asunto estaba en responder una pregunta: ¿dónde reside la soberanía una vez que ha sido depuesto el rey a quien se le entregó?

Unos respondían que debían seguirse las instrucciones de la autoridad peninsular. Es decir, la Junta de Sevilla. Y otros señalaban que no, que la soberanía residía en el Ayuntamiento y que no había ninguna razón para que en las provincias americanas no se formaran juntas como las de España. Este criterio se impuso, en razón de su fuerza jurídica y del empeño que pusieron en él la mayoría de los principales caraqueños. La movilización fue intensa y completa. Incluyó a casi todos los criollos de la élite y llegó hasta el final el proyecto de constitución de una junta caraqueña, a semejanza de las peninsulares. Cuando estuvo en manos del regente Joaquín Mosquera y Figueroa la documentación recaudada, este se mostró en contra del proyecto. Luego, llegó a manos del capitán general Casas. Ambos contemplaron con recelo y precaución los papeles. Los juntistas, por su parte, siguieron en su empeño de seguir adelante.

El 24 de noviembre de 1808 las autoridades peninsulares caraqueñas, siguiendo las pautas de la Junta de Sevilla, deciden apresar a los integrantes de la junta. Cayeron presos nada menos que casi todos los criollos principales de la ciudad, así como peninsulares residentes en la urbe, con títulos nobiliarios. Después de ires y venires judiciales intensos, son dejados en libertad los juntistas, como consecuencia del fallo a su favor del 18 de febrero de 1809, considerando que el regente Mosquera había incurrido en un exceso, y que lo propuesto por los juntistas en nada se distinguía de lo hecho por las juntas peninsulares. Superado el episodio, es obvio que para muchos de los criollos principales que formaron parte y animaron la junta, el resultado había sido desconcertante: estuvieron presos por organizarse para manifestar su fidelidad al rey de España, labor que adelantaron sus pares peninsulares sin estas consecuencias. Salieron escaldados, por decir lo menos. Quedó claro, una vez más, que una cosa era ser súbdito peninsular y otra indiano, circunstancia que se profundizó a partir de las Reformas Borbónicas de la segunda mitad del siglo XVIII, como señalamos antes.

DE LA JUNTA CENTRAL, ENERO DE 1809,
A LA REGENCIA, ENERO DE 1810

El 12 de enero de 1809 se reconoce en la Capitanía General de Venezuela, con Juan de Casas a la cabeza, el gobierno de la Suprema Junta Central de Gobierno de España e Indias. Esta junta, días después, admitió que las Indias debían tener representación ante ella, reconociendo así la igualdad de las provincias de ultramar en relación con las de la península. En tal sentido, se exhortaba a las provincias a escoger sus diputados para formar Cortes en España. El reconocimiento de la condición provincial en idénticas condiciones que las provincias peninsulares debe ser visto como un paso jurídico de notables consecuencias, ya que unas colonias, con rango de simples factorías, no hubiesen podido ser tenidas por provincias de un reino.

Luego, el 19 de mayo de 1809, hubo un cambio en las autoridades provinciales y la Junta Suprema designó a Vicente de Emparan, hasta entonces gobernador de la Provincia de Cumaná, capitán general, en sustitución de Juan de Casas. Entre los primeros yerros de Emparan estuvo el de nombrar al regente Mosquera diputado ante la Junta Central, cosa que reclamaron los criollos principales, dados los antecedentes de Mosquera en relación con los sucesos de 1808. En todo caso, la Junta Central peninsular no lo aceptó por no haber nacido en América, a la par que reconocía los alegatos de los criollos caraqueños. Las arbitrariedades de Emparan no terminan aquí, y continúan creando un clima de animadversión contra él por parte de los criollos reunidos en el Ayuntamiento. Si Casas y Mosquera se granjearon la antipatía de los criollos, Emparan estaba labrándose un sentimiento más adverso. Apretando tuercas represivas transcurrió el año para Emparan, el Cabildo caraqueño y la Iglesia, cada vez más constreñidos por los desmanes del capitán general.

Por su parte, José Bonaparte decide acorralar a la Junta Central de Sevilla y avanza hacia el sur, lo que produjo la desaparición de la junta y el nombramiento de un organismo supletorio denominado Consejo de Regencia. Esto está ocurriendo en enero de 1810. El cambio era notable: se había pasado de la elección de diputados de las Indias para formar parte de la Junta Suprema a la Regencia, que trabajaba constreñida ante los embates napoleónicos. No obstante, el 14 de febrero convocó a Cortes y mediante un método de emergencia escogió a los diputados indianos. Se imponía la urgencia, pero también se aprovechaba para dejar la representación en minoría, ya que si hubiese respondido al número de habitantes, los diputados indianos hubieran sido mayoría. Mientras tanto, en Caracas habían pasado dos meses sin noticias de la península.

Corrían los primeros días de abril de 1810, cuando llegan a Puerto Cabello, en el bergantín *Palomo*, las novedades de España. Estas eran: toma de Sevilla por parte de los franceses, desaparición de la Junta Central y formación del Consejo de Regencia. El 18 de abril Emparan publicó carteles con estas noticias. Ese mismo día, además, subieron a Caracas desde La Guaira dos enviados del Consejo de Regencia con el encargo de solicitar el reconocimiento. Esta visita precipitó la convocatoria del Cabildo caraqueño para el día siguiente. En esta urgencia tuvo mucho empeño el vicepresidente del Cabildo, Martín Tovar Ponte, así como Nicolás Anzola. Los días precedentes fueron de gran agitación en las reuniones caraqueñas, sin la menor duda. Era unánime el rechazo al reconocimiento del Consejo de Regencia, ya que este se había formado sin atención a la representación de las provincias americanas y sin el fundamento de la Junta Central, que sí reconoció la igualdad jurídica de las provincias de España y las de América.

EL 19 DE ABRIL DE 1810

El Jueves Santo tienen lugar los hechos históricos del 19 de abril. El Cabildo se reúne y Emparan es conminado a asistir. Paso por alto los episodios de este día (el llamado a Cabildo, el gesto de Francisco Salias a las puertas de la iglesia obligando a Emparan a regresar al Cabildo, José Cortés de Madariaga con un gesto desaprobatorio con la mano, el balcón, etc); han sido relatados profusamente y no vienen al caso en este trabajo. Lo que estaba en juego era la decisión del Cabildo de no reconocer al Consejo de Regencia y asumir el poder político. Eso terminó ocurriendo. Las autoridades nombradas por la Junta Suprema, que ahora respondían órdenes del Consejo de Regencia, fueron obligadas a renunciar por el Ayuntamiento. Tuvieron sus casas por prisión, pero sin sanción de incomunicación y, muy pronto, el 21 de abril, fueron escoltados con las mayores consideraciones hasta el puerto de La Guaira, desde donde zarparon. Emparan tomó rumbo a Filadelfia.

El Ayuntamiento de Caracas, mediante acta redactada y firmada el 19 de abril de 1810, asumió el gobierno de los territorios provinciales que componían la Capitanía General. Este fue el primer gobierno constituido por voluntad expresa de los cabildantes caraqueños. En el acta se explican los motivos, todos originados a partir de la falta de Fernando VII, quedando el Ayuntamiento en la necesidad de:

> Erigir en el seno mismo de estos Países un sistema de Gobierno que supla las enunciadas faltas exerciendo los derechos de la Soberanía que por el mismo hecho ha recaído en el Pueblo conforme a los mismos principios de la sabia constitución primitiva de la España, y a las máximas que ha enseñado y publicado en innumerables papeles la Junta Suprema extinguida.

El acta la firman, incluso, los funcionarios Emparan y Basadre. El 27 de abril se redacta otra acta de gran importancia, ya que establece el nuevo gobierno. El acta se encabeza así:

> La Suprema Junta que gobierna estas provincias de Venezuela en el Real nombre del Señor Don Fernando Séptimo.

Luego, queda establecido que la junta la componen 23 personas con voz y voto. En ella se designan a los encargados de las tareas del gobierno, quedando presidida por José de las Llamozas (presidente), Martín Tovar Ponte (vicepresidente) y Juan Germán Roscio (secretario de Estado). La Junta Suprema, en alocución a los «habitantes de Venezuela» fechada el 20 de abril, afirma:

> Con este objeto, instruido del mal estado de la guerra en España por los últimos buques españoles llegados a nuestras costas, deliberó constituir una soberanía provisional en esta capital para ella, y los demás pueblos de esta provincia que se le unan con su acostumbrada fidelidad al señor don Fernando VII.

Como vemos, la línea argumental señalaba que se había jurado fidelidad al rey de España, Fernando VII, y que habiendo sido sustituido por José Bonaparte sin su consentimiento, la fidelidad se mantenía hacia Fernando VII, pero la soberanía regresaba al Cabildo, órgano de representación que la había entregado en manos del rey. Repetimos: no se reconocía la autoridad del Consejo de Regencia.

Las primeras elecciones y el Congreso Constituyente

El 11 de junio de 1810, la Junta Suprema publica el Reglamento para las elecciones de Diputados, encargado a Roscio y redactado por él. Se acoge el sistema común de la época: el censitario. Votarán hombres, mayores de 25 años, que sepan leer y escribir y que sean propietarios. Las elecciones en las provincias tienen lugar entre agosto de 1810 y enero del año siguiente. El Congreso se instala, finalmente, en Caracas el 2 de marzo de 1811. La provincia de Caracas eligió 24 diputados; Barinas 9; Cumaná 4; Barcelona 3; Mérida 2; Trujillo 1; Margarita 1. Total: 44 diputados. Las provincias de Coro, Maracaibo y Guayana no tuvieron representación porque estaban en manos de los realistas.

Aquel primer Congreso Nacional que hubo en Venezuela estuvo presidido por Juan Antonio Rodríguez Domínguez. Su vicepresidente fue Mariano de la Cova y su secretario Miguel José

Sanz, pero a los días fue sustituido por Francisco Isnardy. De inmediato, el 5 de marzo de 1811, el Congreso pasó a designar el Poder Ejecutivo triunviral, y escogió a Cristóbal de Mendoza, Juan Escalona y Baltasar Padrón.

El 16 de marzo el Congreso recién constituido nombra una comisión integrada por los diputados Francisco Javier de Ustáriz, Gabriel de Ponte y Juan Germán Roscio para que redacte un proyecto de Constitución Nacional. Pero, por las circunstancias que se vivían, los debates acerca del texto constitucional comenzaron el 21 de agosto, después de declarada la independencia. Pasemos ahora al Acta de la Independencia.

Antes de comentar brevemente el Acta de la Independencia, conviene recordar que un proceso precursor ya ha hecho antes sus intentos liberadores. Me refiero a la llegada de Miranda a Ocumare en abril de 1806 y luego en agosto a Coro, ambas infructuosas, ya que los criollos de entonces no estuvieron dispuestos a seguir al general en su aventura y propuesta. Luego, conviene recordar que las misiones que envía al extranjero la Junta Suprema Conservadora de los Derechos de Fernando VII zarpan en mayo de 1810. La de Bello, López Méndez y Bolívar a Londres navega en junio y se aloja en casa de Miranda, en Grafton Way, a mediados de julio. Bolívar está de regreso a Caracas a principios de diciembre y Miranda a finales, de modo que la Sociedad Patriótica de Caracas está en funciones en febrero de 1811, en paralelo con el Congreso Constituyente que se instala, como vimos, en marzo. La prédica independentista de Miranda y sus seguidores encuentra altavoz en la Sociedad Patriótica, integrada por jóvenes mantuanos y pardos, a quienes entonces llamaban «los hombres de Miranda». De junio de 1811 será el célebre discurso de Bolívar:

> Se discute en el Congreso Nacional lo que debiera estar decidido. ¿Y qué dicen? Que debemos comenzar por una confederación, como si todos no estuviésemos confederados contra la tiranía extranjera. Que debemos atender a los resultados de la política de España. ¿Qué nos importa que España venda a Bo-

naparte sus esclavos o que los conserve, si estamos resueltos a ser libres? Esas dudas son tristes efectos de las antiguas cadenas. ¡Que los grandes proyectos deben prepararse en calma! Trescientos años de calma, ¿no bastan? La Junta Patriótica respeta, como debe ser, al Congreso de la nación, pero el Congreso debe oír a la Junta patriótica, centro de luces y de todos los intereses revolucionarios. Pongamos sin temor la piedra fundamental de la libertad sudamericana; vacilar es perdernos.

Como sabemos, la tensión entre el Congreso Constituyente y la Sociedad Patriótica se resolvió favor de la segunda, compuesta por el ardor juvenil de José Félix Ribas, Carlos Soublette, Miguel Peña, Francisco Javier Yánez, José Ángel Álamo, Simón Bolívar, entre otros.

EL ACTA DE LA INDEPENDENCIA, 5 DE JULIO DE 1811

¿Asumimos el Acta de la Independencia como nuestra primera Constitución? ¿Podemos hacerlo? ¿Tiene fundamento? No es en puridad de criterios una Constitución, pero sí es la manifestación príncipe de un acto fundacional, lo que la erige como un acto constitucional. De tal modo que en perfecta lógica jurídica no puede ser analizada como tal, pero en correspondencia con su significación histórica sí, ya que es en ella en donde se estampa por primera vez la voluntad de una Nación de constituirse en República. Además, a los efectos de nuestro recorrido por las Constituciones de Venezuela, la revisión del Acta de la Independencia y de los hechos que condujeron a ella es necesaria para comprender nuestra etapa fundacional de la República.

La primera Acta de Independencia de la América española es la de Venezuela, el 5 de julio de 1811, redactada por Juan Germán Roscio y Francisco Isnardi, y aprobada por los diputados electos en las jurisdicciones de las siete provincias. Entre ellos, destacan el propio Roscio, Francisco Javier de Ustáriz, Luis Ignacio Mendoza, Fernando de Peñalver, Felipe Fermín Paúl, el marqués del Toro, Francisco Javier Yánez, Martín Tovar Ponte, José Ángel Álamo, Lino de Clemente, Francisco Javier de Mayz, Francisco de Miranda, entre otros.

Al Acta de Independencia de Venezuela le siguen las de Colombia (1813); México (1813); Argentina (1816) y Chile (1818); luego las restantes, con diversas particularidades.

Después de una minuciosa explicación acerca de la posición de las provincias de la futura Venezuela en relación con los

sucesos de Bayona, Roscio justifica el paso que se va a dar y, finalmente, expresa:

> Nosotros los representantes de las Provincias Unidas de Vene-
> zuela, poniendo por testigo al Ser Supremo de la justicia de
> nuestro proceder y de la rectitud de nuestras intenciones, im-
> plorando sus divinos y celestiales auxilios y ratificándole en el
> momento que nacemos a la dignidad, que su providencia nos
> restituye el deseo de vivir y morir libres creyendo y defendiendo
> la santa católica y apostólica religión de Jesucristo, como el pri-
> mero de nuestros deberes.

Una vez colocada la ofrenda ante Dios en el acta, Roscio,
que fue casi un teólogo del cristianismo, procedió a declarar la
independencia, afirmando:

> declaramos solemnemente al mundo que sus provincias Unidas
> son y deben ser, de hoy más de hecho y de derecho, estados li-
> bres, soberanos e independientes, y que están absueltos de toda
> sumisión y dependencia de la Corona de España, o de los que
> se dicen o dijeren sus apoderados o representantes, y que como
> tal Estado libre e independiente, tiene pleno poder para darse
> la forma de gobierno que sea conforme a la voluntad general de
> sus pueblos...

Luego, el ya entonces Congreso Constituyente le encarga al
mismo autor una explicación más detenida sobre los hechos y las
causas que condujeron a ellos. Este texto, fechado el 30 de julio
de 1811, fue intitulado «Manifiesto que hace al mundo la Confederación de Venezuela en la América Meridional de las razones
en que se ha fundado su absoluta independencia de España, y
de cualquiera otra dominación extranjera. Formado y mandado
publicar por acuerdo del Congreso General de sus Provincias Unidas». Asegura Pedro Grases que la autoría es de Roscio. Además de
las pruebas documentales que invoca, el estilo es evidentemente

rosciano. No es menester referirnos al texto en esta oportunidad, pero dejo constancia de que se trata de un documento sustancial para la comprensión de los hechos y, sobre todo, para el entendimiento de las causas que abundaron a favor de la independencia.

LA FEDERAL

La primera Constitución Nacional de la República de Venezuela acogió el federalismo. Sus redactores estuvieron inspirados en la carta magna de los Estados Unidos de Norteamérica y en su fórmula federal. Con la pérdida de la Primera República el entonces coronel Bolívar le atribuyó parte de la derrota al texto constitucional, pensado para una «República de ángeles» y no para otra en pie de guerra. Injusta o no la denostación bolivariana, lo cierto es que la República que nace el 5 de julio no tenía entre sus planes la guerra y, la verdad, luce exagerado atribuirle parte de la derrota militar al texto constitucional, sobre todo porque los triunviros entregaron el mando a Francisco de Miranda, ungido del título de Generalísimo, para enfrentar la contienda y Bolívar, por su parte, formó parte activa de la derrota, con su señalada actitud en Puerto Cabello. Por otra parte, el propio Miranda consigna sus objeciones al momento de firmar la Constitución federal y, ciertamente, será esta línea argumental mirandina la que siga Bolívar luego. Afirma Miranda, y así queda estampado en las adendas del texto constitucional:

Considerando de que en la presente Constitución los Poderes no se hallan en un justo equilibrio, ni la estructura u organización general suficientemente sencilla y clara, para que pueda ser permanente; que por otra parte no está ajustada con la población, usos y costumbres de estos países, de que puede resultar que en lugar de reunirnos en una masa general o Cuerpo social, nos divida y separe, en perjuicio de la seguridad común y de nuestra independencia; pongo estos reparos en cumplimiento de mi deber.

No obstante los reparos, Miranda firma la Constitución, dejando constancia de su responsabilidad democrática, al participar de las decisiones de un cuerpo colegiado.

La Constitución de 1811 (Caracas)

Lo primero a señalar sobre el texto constitucional es que, a contramano de su espíritu liberal, consagra a la religión católica, apostólica y romana como la religión del Estado. Esto, como veremos luego, fue eliminado de las cartas magnas siguientes. Por otra parte, aunque el Congreso que ordenó su redacción no fue expresamente formado con objetivos constituyentistas, sí devino Congreso Constituyente por fuerza de los hechos. Más aún, puede decirse que habiendo sido el primero de nuestra vida republicana, ostenta lugar de privilegio.

El espíritu y la estructura de esta Constitución fue federal; de hecho se menciona un Pacto Federal de las Provincias de Margarita, Mérida, Cumaná, Barinas, Barcelona, Trujillo y Caracas, con lo que queda establecida la organización político territorial. Como dijimos antes, Coro, Maracaibo y Guayana, para la fecha, estaban en manos realistas. El régimen electoral fue censitario: hombres, mayores de 21 años, propietarios. El período de los diputados en la Cámara de Representantes fue de cuatro años; el de Senadores, de seis. El del Poder Ejecutivo fue de cuatro años y se acogió el sistema, ya entonces vigente, del triunvirato. Nada se dice sobre la reelección del Poder Ejecutivo.

La Constitución de 1811 fue sancionada el 21 de diciembre de aquel año histórico, con las salvedades de Francisco de Miranda, quien consideraba que el texto no se adaptaba a la realidad venezolana, dado su espíritu federal. Esto mismo pensó el coronel Bolívar y lo expresó en consonancia con Miranda muy pocos años después, como dijimos antes, de modo que no puede argumentarse, como lo hacen algunos, que las diferencias entre Miranda y Bolívar eran totalmente conceptuales, y no de índole personal, como los hechos parecen demostrar.

Es obvio que la inspiración que tuvieron los redactores, en particular Francisco Javier Ustáriz y Juan Germán Roscio, fue la Constitución de los Estados Unidos de Norteamérica. Era imposible pensar que iban a tomar algo del derecho constitucional español, ya que el propósito independentista pasaba por negar el pasado ibérico, a diferencia de los norteamericanos, que lejos de denostar de la cultura anglosajona, siempre se mantuvieron dentro de ella.

Caracciolo Parra Pérez, en la introducción a la edición de la *Constitución Federal de 1811,* publicada por la Academia Nacional de la Historia con motivo del sesquicentenario, en 1960, anota que era muy difícil que la Constitución no fuese federal, ya que la estructura colonial de provincias lo era. Es cierto: la autonomía con que se habían conducido las provincias, con su gobernador al frente, durante casi tres siglos, no se modificó demasiado a partir de la creación de la Capitanía General en 1777, de modo que la observación es sumamente pertinente. No se asemejaba a un Estado central fuerte la estructura provincial; tampoco lo concibió así el constituyentista de 1811. Será Bolívar, luego, quien sí lo conciba de esa manera y encabece una andanada en contra de la Constitución de 1811 y su espíritu federal, señalándola como la constructora de la «República de ángeles», que anotamos antes. Miranda, como vimos, también la objetó, pero la firmó y ya después, preso en La Carraca a partir de 1812, no tuvo escenario para combatirla.

LAS BOLIVARIANAS

Serán la Constitución de Angostura (1819) y la de Cúcuta (1821), consagratoria del proyecto grancolombiano de Bolívar, las que se redacten bajo la égida del Libertador. El intento constitucional de la Convención de Ocaña, como sabemos, no alcanzó un feliz puerto y quedó vigente la Constitución de Cúcuta, aunque prácticamente de inmediato Bolívar se declara al margen de la carta magna y asume poderes dictatoriales con el Decreto Orgánico del 27 de agosto de 1828. La Convención de Ocaña fue escenario de

las contradicciones ya abiertas entre Bolívar y Francisco de Paula
Santander; el primero abogando por el centralismo y el segundo
enfrentado a sus designios, aunque no por ello subrogante absoluto
del federalismo. En cualquier caso, si los episodios de La Cosiata,
en 1826, habían herido de muerte el proyecto grancolombiano de
Bolívar, las desavenencias de Ocaña lo sumían en fase terminal.
Quedamos, pues, relevados de comentar el proyecto constitucional
de Ocaña, ya que fue una gestación que culminó sin un final feliz.

La Constitución de 1819 (Angostura)

El 15 de febrero de 1819 se constituye en la ciudad de
Angostura, a orillas del Orinoco, el Congreso de la República de
Venezuela. Allí Bolívar pronuncia el discurso inaugural y presenta
su proyecto de Constitución Nacional. Entonces, afirma:

> La continuación de la autoridad en un mismo individuo, fre-
> cuentemente ha sido el término de los gobiernos democráticos.
> Las repetidas elecciones son esenciales en los sistemas populares,
> porque nada es tan peligroso como dejar permanecer largo tiem-
> po en un mismo ciudadano el poder. El pueblo se acostumbra a
> obedecerle y él se acostumbra a mandarlo, de donde se origina
> la usurpación y la tiranía. Un justo celo es la garantía de la liber-
> tad republicana, y nuestros ciudadanos deben temer con sobrada
> justicia que el mismo magistrado que los ha mandado mucho
> tiempo, los mande perpetuamente.

El joven caraqueño es electo presidente de Venezuela y de
inmediato prepara su ejército para invadir el territorio de Nueva
Granada y liberarlo de la dominación española. Así lo hace, y el 7
de agosto destroza al ejército español en la batalla de Boyacá, con
lo que queda sellada la independencia de Colombia. De inmediato,
toma cuerpo en la mente del Libertador la idea de crear una sola
República, y así lo plantea ante el Congreso reunido en Angostura
el 11 de diciembre. Este Congreso, seducido por la proposición

bolivariana, dicta la Ley Fundamental de la República de Colombia, el 17 de diciembre de 1819, creándose así una sola República de Colombia con los departamentos de Venezuela, Quito y Cundinamarca, cuyas capitales serán Caracas, Quito y Bogotá. La Ley Fundamental ordena la reunión de un Congreso en Cúcuta en enero de 1821. A este Congreso se le encarga la redacción de la Constitución Nacional de Colombia, señalándole el camino la ya promulgada Constitución Nacional de la República de Venezuela en Angostura, el 15 de agosto de 1819.

La Constitución de 1819 es de impronta bolivariana y, en consecuencia, es centralista. Bolívar se expresó muy claramente en contra del federalismo de la Constitución de 1811. El Congreso de Angostura no fue exclusivamente electo con objetivos constituyentes, ya que tomó decisiones previas, pero sí se abocó a la redacción del texto constitucional, lo que nos conduce a afirmar que su naturaleza no fue constituyente en el sentido expreso. Estuvo compuesto por 26 de los 30 diputados electos y se extendió desde el 15 de febrero de 1819 hasta el 20 de enero de 1820.

El sistema electoral escogido fue el censitario, sobre la base de la condición de ciudadano activo. En tal sentido, votaban los varones mayores de 21 años, que supiesen leer y escribir, que fuesen propietarios. El período presidencial se estableció en cuatro años, sin reelección inmediata, pero sí con un período de por medio.

La organización político territorial comprendió diez provincias: Barcelona, Barinas, Caracas, Coro, Cumaná, Guayana, Maracaibo, Margarita, Mérida y Trujillo.

La Constitución de 1821 (Cúcuta)

El Congreso Constituyente reunido en Cúcuta, con 57 diputados, redacta la nueva Constitución Nacional y es sancionada el 30 de agosto de 1821. La capital de la República será Bogotá, hasta tanto se construya la prevista capital que se denominaría Bolívar, proyecto que nunca se adelantó. Entre los que concebían la nueva Constitución con un criterio federalista y los que la soñaban con criterio centralista, se impusieron los últimos, que contaban con el aval de Bolívar. Se designó vicepresidente de la República al general neogranadino Francisco de Paula Santander, con el entendido de que durante las campañas militares que adelantaría el presidente Bolívar en procura de la libertad de otros pueblos, el gobierno quedaría en sus manos.

El descontento de importantes sectores venezolanos con las decisiones tomadas por el Congreso Constituyente de Cúcuta se hizo sentir de inmediato. De modo que el rosario de dificultades que experimentará la República de Colombia será creciente. El 29 de diciembre de 1821 la Municipalidad de Caracas, al pronunciarse sobre la nueva Carta Magna, la aprobó condicionalmente ya que, según los integrantes del cuerpo colegiado:

> No había sido sancionada por los mismos representantes que la formaron, que no podían imponer a los pueblos de Venezuela el deber de su observancia cuando no habían tenido parte en su formación, ni creían adaptables al territorio venezolano algunas de las disposiciones de aquel código.

Se refería el Cabildo al hecho cierto de haber estado Caracas bajo dominio español para el momento de la celebración del Congreso Constituyente de Cúcuta, aunque ello no fue óbice para que caraqueños formaran parte del Congreso. El 3 de enero de 1822 se insistió sobre el tema, y luego la prensa recogió el hecho, con lo que el proyecto grancolombiano de Bolívar experimentó entonces sus primeras resistencias.

El Congreso Constituyente de Cúcuta redactó una carta magna de naturaleza centralista. El régimen electoral fue muy parecido al de la de 1811: ciudadanos varones que supieran leer y escribir, propietarios y mayores de 25 años, a diferencia de la anterior, que exigía 21 años. Tanto el período de cuatro años como la reelección no inmediata, sino con un período de por medio, se mantuvieron exactamente iguales a la Constitución de 1819.

El orden político territorial rezaba textualmente en el artículo 6: «El territorio de Colombia es el mismo que comprendían el antiguo virreinato de la Nueva Granada y capitanía general de Venezuela». Por cierto, no hemos hallado la mención «Gran Colombia» en ninguno de los textos oficiales compulsados, lo que nos lleva a pensar que la denominación puede haberse divulgado profusamente, y probablemente, para atenuar el dolor que los venezolanos han podido sentir al ver que el vocablo «Venezuela» desaparecía en el proyecto bolivariano, relegándose a un Departamento, mientras la entidad republicana recaía sobre el vecino país. Esto, se dice poco, seguramente fue causa de mucho escozor para los venezolanos. No se trasiega de República a Departamento impunemente, por más que el líder de la Nación lo imponga. Esto que advierto se ha señalado antes, evidentemente, y es el caso, entre otros, del historiador David Bushnell, quien atribuye la denominación «Gran Colombia» a historiadores venezolanos, quizás para especificar que el período al que se alude es el que va de 1819 a 1830.

Hay una tercera Constitución que es de génesis bolivariana, pero no imperó entre nosotros. Me refiero a la Constitución de Bolivia de 1826, redactada de puño y letra del Libertador y consagratoria de la Presidencia vitalicia, con la modalidad de atribuirle a esta suerte de rey la posibilidad de elegir a su sucesor. Este texto constitucional de impronta monárquica, Bolívar intentó que fuese acogido por Perú y Colombia y, naturalmente, fue fuente de enormes desavenencias entre el Libertador y muchos de sus seguidores. Cuando decimos Colombia en este contexto histórico estamos incluyendo a Venezuela y Ecuador, porque se trata de la Colombia bolivariana.

En suma, no incluimos la Constitución de Bolivia, la más bolivariana de todas (que su autor impuso en Bolivia sin resistencia al crearse la República que lleva su apellido), porque no imperó entre nosotros. Tan solo consignamos su existencia.

LA PAECISTA

Imposible desligar la Constitución de 1830 del proceso de separación de Colombia, iniciado en 1826, con los acontecimientos de La Cosiata y en desarrollo en 1828, cuando se reunió la fallida Convención de Ocaña. Fueron varios los factores adversos al proyecto grancolombiano; en el caso venezolano, la incomodidad se manifestó desde el principio, cuando la municipalidad caraqueña expresó su extrañeza con la Constitución de Cúcuta de 1821, por no haber podido participar en su proceso de redacción. Las desavenencias entre Bolívar y Páez acerca del proyecto integracionista y los procedimientos que lo articulaban no eran las únicas. Los seguidores de Santander (y él mismo) se abrieron en diferencias con el Libertador a partir de la redacción de la Constitución de Bolivia, en 1826, donde Bolívar propone la Presidencia vitalicia, regresando evidentemente a formas monárquicas superadas por la República, como dijimos antes. De modo que los desencuentros entre Bolívar y sus seguidores fueron ingentes, al punto que sus adversarios fueron abriéndole el paso a la constitución de repúblicas autónomas, dejando de lado el proyecto centralista de la unión.

Mucho se ha dicho que otro hubiera sido el camino si el Libertador hubiese escogido la vía federal para la integración, pero está visto que su fervor centralista se lo impedía. Si la unión hubiese sido de repúblicas con gran autonomía y no de departamentos, el devenir hubiese sido otro, quizás más parecido al de los Estados Unidos, donde se tomaron el federalismo en serio. No obstante, Bolívar pensaba que no estábamos preparados como pueblo para ese ensayo. Curiosamente, la admiración del Libertador por los Estados Unidos y su proceso histórico era grande, pero lo consideraba imposible para nuestra idiosincrasia. No deja de ser contradictorio el admirar lo que otros hacen por como lo hacen, y pensar que uno no puede hacerlo, pero de estas contradicciones está hecho el ser humano, incluso sus héroes.

Afirma Bolívar en el Discurso ante el Congreso de Angostura:

Cuanto más admiro la excelencia de la Constitución Federal de
Venezuela, tanto más me persuado de la imposibilidad de aplicación a nuestro Estado. Y según mi modo de ver, es un prodigio
que su modelo en el Norte de América subsista tan prósperamen-
te y no se trastorne al aspecto del primer embarazo o peligro. A
pesar de que aquel pueblo es un modelo singular de virtudes políticas y de ilustración moral; no obstante que la libertad ha sido
su cuna, se ha criado en libertad y se alimenta de pura libertad: lo
diré todo, aunque bajo de muchos respectos, este pueblo es único
en la historia del género humano, es un prodigio, repito, que un
sistema tan débil y complicado como el federal haya podido re-
girlo en circunstancias tan difíciles y delicadas como las pasadas.

La Constitución de 1830 (Valencia)

El Congreso Constituyente se reunió en la casa de La Estre-
lla en la ciudad de Valencia, a partir del 6 de mayo de 1830. Su
integración estuvo de acuerdo con el decreto del 13 de enero del
mismo año, en el que el general José Antonio Páez instaba a las
provincias a elegir a sus diputados. Las provincias fueron las de
Cumaná, Barcelona, Margarita, Caracas, Carabobo, Coro, Mérida, Apure y Guayana.

Dos días después de instalado el Congreso, se convino en
que una comisión integrada por un diputado por cada una de las
provincias redactara la nueva Constitución Nacional. Esta comisión cumplió con su trabajo y presentó el texto el 19 de junio,
luego de varios meses de discusión, en los que se ventilaron de
nuevo las tesis centralistas y federalistas; el texto se aprobó el 22
de septiembre. Los redactores de la Constitución fueron Antonio
José Soublette (Guayana), José Grau (Cumaná), Eduardo Antonio
Hurtado (Barcelona), Andrés Narvarte (Caracas), Juan José Osío
(Carabobo), José Tellería (Coro), José Eusebio Gallegos (Maracaibo), Juan de Dios Picón (Mérida) y Juan José Pulido (Barinas).

Mientras se perfeccionaba el texto constitucional, el Congreso Constituyente, presidido por el doctor Miguel Peña, sancionó un reglamento el 10 de julio mediante el cual el Poder Ejecutivo Provisional recaía sobre la figura del general Páez, con la denominación de Presidente del Estado de Venezuela. A su vez, Diego Bautista Urbaneja era designado vicepresidente. Así, venía a perfeccionarse un mando de *facto* que detentaba Páez desde 1829, cuando la separación de Venezuela de la República de Colombia ya era un hecho de fuerza jurídica, aunque ya hemos visto que a partir de 1826, con los acontecimientos de La Cosiata, la incorporación de Venezuela al proyecto grancolombiano estaba resquebrajada severamente.

El constituyente equilibró entre las tendencias federalistas y centralistas en pugna y logró redactar una carta magna centro-federal, que tomaba en cuenta la autonomía de las municipalidades, así como reconocía el impulso central. Consagró el principio de la separación de los poderes y definió en su artículo 6 la naturaleza del Estado:

> El Gobierno de Venezuela es y será siempre republicano, popular, representativo, responsable y alternativo.

Fijó el período presidencial en cuatro años y estableció la no reelección inmediata, contemplando un período, como mínimo, para presentarse a otra elección presidencial. Estableció quiénes gozaban de los derechos de ciudadano, los mismos que les permitían ser elegidos y elegir los destinos públicos.

> Art. 13º - Todos los venezolanos pueden elegir y ser elegidos para los destinos públicos si están en el goce de sus derechos de ciudadano.
> Art. 14º - Para gozar de los derechos de ciudadano se necesita:
> (1) Ser venezolano. (2) Ser casado o mayor de veintiún años. (3) Saber leer y escribir. (4) Ser dueño de una propiedad raíz cuya renta anual sea de 50 pesos, o tener una profesión, oficio o

industria útil que produzca cien pesos anuales sin dependencia de otro en clase de sirviente.

Como vemos, el constituyente acogió la costumbre de su tiempo, al conferirles la facultad del voto a los propietarios, dejando de lado el voto universal y directo, ya que las elecciones establecidas eran de segundo grado. Le colocó una camisa de fuerza al propio Congreso al señalarle una imposibilidad:

> Art. 228º - La autoridad que tiene el Congreso para reformar la Constitución no se extiende a la forma del Gobierno que será siempre republicano, popular representativo, responsable y alternativo.

En cuanto al culto religioso, el texto constitucional no expresó ningún precepto, con lo que la religión católica no fue consagrada como la del Estado. Esto fue la base de algunos enfrentamientos entre el Estado y la Iglesia católica. Algo similar ocurrirá con los privilegios militares que la carta magna no consagró. La verdad es que el constituyente, de mayoría liberal en los términos clásicos de la filosofía política, actuó como tal, acogiendo muchos de los preceptos del liberalismo. Conviene recordar que quienes gobernaban entonces formaban parte del Partido Conservador que, a los efectos venezolanos, era un grupo que abrazaba las ideas de la filosofía liberal. Lo mismo ocurre con el Partido Liberal venezolano, cuyas ideas eran más cercanas al conservadurismo, en términos clásicos.

LA DEL MONAGATO

Y finalmente alcanzó la Presidencia de la República el general José Tadeo Monagas, gracias al apoyo que le brindó el general Páez. Después de la dilatada alternabilidad entre este y el general Carlos Soublette, el jefe de los conservadores prefirió apoyar a Monagas que allanarle el paso a Antonio Leocadio Guzmán. Así fue como,

en 1947, el oriental alcanzó el poder (1847-1851). Luego, ganó
su hermano, José Gregorio (1851-1855), y después regresó el vie-
jo Monagas para otro período de cuatro años, en 1855, siempre
dentro de lo pautado por la Constitución de 1830. Fue entonces
cuando se vio a sí mismo gobernando por más tiempo, gracias a
un esquema constitucional trazado a su favor, y presentó a consideración la Constitución de 1857, pero los hechos tomaron un
rumbo inesperado para el hombre más poderoso del país.

La Constitución de 1857 (Caracas)

El 23 de abril de 1856 el Congreso Nacional sancionó una
ley de reorganización del territorio que estableció 21 provincias.
Esta ley le permitía de manera temporal al Presidente de la República, el general José Tadeo Monagas, nombrar a los gobernadores
de las provincias a dedo eliminando las diputaciones regionales,
hasta que unas elecciones nuevas los eligieran. De tal modo que,
después de la promulgación de la ley, el poder de Monagas era
absoluto, ya que la totalidad de la representación regional había
sido nombrada por él y no por sus electores naturales, con lo que
se podía permitir soñar con una reforma de la Constitución que
materializara dos de sus sueños: reconstruir la «Gran Colombia»
y eliminar el artículo 108, que impedía la reelección inmediata,
ya que por vías sustitutivas controlaba la totalidad del Congreso
Nacional. Del delirio de la reconstrucción de la Gran Colombia
Monagas desistió, pero de lo otro no, como veremos luego.

El 16 de abril de 1857 el Congreso Nacional sancionó la
nueva Constitución de la República de Venezuela, y el 18 José
Tadeo Monagas firmó el ejecútese a una carta magna de estirpe
centralista. La nueva Constitución introducía dos cambios que
satisfacían la voluntad omnímoda de Monagas: extendía el período presidencial a seis años y no prohibía la reelección inmediata.
Los parlamentarios aprobantes fueron los nombrados a dedo por
Monagas, gracias a la ley del año 1856 de reorganización del territorio, como dijimos antes. El círculo estaba cerrado.

De inmediato, Monagas y el vicepresidente nombrado, su sobrino y yerno, el coronel Francisco Oriach, se hicieron elegir para completar el período de seis años recién decretado, es decir, por dos años más: 1859-1861, con los que se completarían sus primeros seis en el gobierno. Esto, a todas luces, era un abuso de poder en la interpretación de la ley a favor de los Monagas. La gente entonces tuvo claro que el general buscaba permanecer durante muchísimos años en el poder. El nepotismo ya era total y la paciencia de sus adversarios había llegado al colmo. El espíritu autoritario, que lo llevaba a querer permanecer en la Presidencia de la República sin límite de tiempo, halló expresión constitucional. También, naturalmente, avivó las fuerzas de la oposición.

En cuanto a la organización política territorial, la Constitución de 1857 siguió lo pautado por la de 1830. Se lee en el artículo 3.°: «El territorio de Venezuela comprende todo el que antes de la transformación política de 1810 se denominó Capitanía General de Venezuela, y para su mejor administración se dividirá en provincias, cantones y parroquias». No obstante, al revisar la lista de diputados firmantes, advertimos 20 provincias; a saber: Caracas, Maracaibo, Cojedes, Carabobo, Barinas, Portuguesa, Aragua, Guayana, Coro, Yaracuy, Táchira, Cumaná, Mérida, Barcelona, Barquisimeto, Guárico, Trujillo, Maturín, Margarita y Apure.

Estas han sido, con pequeñas variaciones, las provincias tradicionales de Venezuela. Los cambios se fueron introduciendo en el tiempo en cuanto a sus denominaciones, pero ello no modificó el *hinterland* que cada una formaba. Por ejemplo, Guayana pasó a ser Bolívar; Coro se llamó luego Falcón; Cumaná se denominó Sucre; Barcelona será Anzoátegui; Barquisimeto será en el futuro Lara; Maracaibo será Zulia, como el río; Margarita llevará la extraña denominación de Nueva Esparta y Maturín será Monagas; como vemos, casi siempre en honor a alguno de los próceres de la independencia, con lo que ocurrió lo que suele suceder: están algunos, pero no todos. No cuenta Venezuela con un estado Páez, por citar un solo ejemplo.

LA DEL VOTO DIRECTO

Las pretensiones continuistas de José Tadeo Monagas trajeron como consecuencia el alzamiento del general Julián Castro, en Carabobo, quien, al frente de sus tropas, no encontró resistencia para alcanzar el poder en la capital. Los seguidores de Monagas lo abandonaron y, como es sabido, se refugió en la legación de Francia en Venezuela, de donde pudo salir al exilio gracias al llamado Protocolo Urrutia. No culmina aquí la vida política del mayor de los Monagas; sí la de su hermano José Gregorio, quien fallece de cáncer después de estar preso en el castillo San Carlos en Zulia.

La reacción antimonaguista se expresó en la redacción de la Constitución de 1858, alcanzándose así el texto más avanzado que hasta entonces había sido sancionado en Venezuela. Instituyó nada menos que el voto directo para diversos cargos de elección popular. Además, regresó al equilibrio centro-federal que se apreciaba en la de 1830. No en balde las fuerzas políticas que la redactaron eran las mismas del Partido Conservador.

Ya en plena Guerra Federal será elegido en 1860, sobre la base de este texto constitucional, el primer venezolano que fue escogido mediante voto directo: Manuel Felipe de Tovar, pero los avatares de la guerra harán su presidencia efímera, así como la de su sucesor constitucional, el doctor Pedro Gual; ambos civiles y con dificultades para el desafío guerrero que planteaba el federalismo falconiano. Luego, ya el general Páez, ungido de poderes dictatoriales, pasó por encima de la carta magna con el objeto de enfrentar la guerra con atributos excepcionales. El intento paecista culmina con el Tratado de Coche, reconocimiento expreso de la victoria de las fuerzas federales sobre las conservadoras. Comenzaba otra etapa.

La Constitución de 1858 (Valencia)

El 24 de diciembre de 1858 la Convención Nacional de Valencia sanciona el texto constitucional y el Jefe Provisional del

Estado, el general Julián Castro, la promulga el 31 del mismo mes. Fue la primera Constitución democrática del país, ya que instituyó el voto directo y universal (aunque esto último no pudo implementarse), tanto para Presidente de la República y vicepresidente, como para los diputados, mientras mantenía el sistema indirecto para los senadores. También fijó la elección directa de los gobernadores, lo que significaba un adelanto enorme en la descentralización del poder.

El período presidencial regresó a ser como el de la Constitución Nacional de 1830: cuatro años sin reelección inmediata. Además, escarmentados por el nepotismo de los Monagas, el constituyente prohibió la elección de parientes hasta por segundo grado de afinidad y cuatro de civil en elecciones presidenciales sucesivas. Fijan el período del vicepresidente en dos años, y designan a Caracas como la capital de la República, condición que temporalmente se había trasladado a Valencia mientras ocurría el trabajo de la Convención. Esta, por cierto, no puede considerarse propiamente constituyente, aunque los cambios hayan sido de notable significación en relación con las anteriores. La Constitución profundizaba el sano principio de la separación de los poderes, otorgándole mayor autonomía a cada uno, especialmente en el origen de sus elecciones.

La Convención de Valencia designó de manera interina, el 6 de enero de 1859, hasta tanto se realizaran las elecciones pautadas, a Julián castro como Presidente de la República, Manuel Felipe de Tovar como vicepresidente, y a Pedro Gual como designado (segundo vicepresidente). El mismo día era recibido por la convención el general Páez, ya de regreso al país, con un aplauso dilatado. Los honores que se le prodigaron se extendieron hacia distintas sedes institucionales de la ciudad. Los celos de Castro por su antiguo jefe comenzaron a surgir, alimentados por la insidia de algunos de sus seguidores.

En cuanto a la organización político territorial, no innovó en relación con las anteriores, que de por sí eran imprecisas en esta materia, ya que señalaban la organización del territorio en provin-

cias, cantones y parroquias, pero no las enumeraban expresamente. No obstante, sí es posible advertir cada una de las provincias
al seguir la lista de los diputados firmantes. En este caso no hay
ninguna diferencia con la Constitución anterior.

LA FEDERAL

Consecuencia directa del Tratado de Coche, que puso fin
a la Guerra Federal, será la convocatoria de una Asamblea Nacional Constituyente, integrada en forma paritaria por seguidores de
Páez y de Falcón. La Asamblea se instala el 24 de diciembre de
1863 con 69 diputados, y comienza el trabajo de redacción del
nuevo texto constitucional.

La Constitución de 1864 (Caracas)

La Constitución Nacional de 1864 fue sancionada por la
Asamblea Nacional Constituyente el 28 de marzo de 1864, y promulgada por el mariscal Falcón el 13 de abril del mismo año.
Introduce cambios sustanciales en la República, empezando por
la denominación, ya que al acogerse la forma federal del Estado,
la República pasó a llamarse Estados Unidos de Venezuela, con
fundamento en que la nación estaría jurídicamente instituida sobre
la base de una federación de estados con autonomía. Estos estados,
antes provincias, serán Apure, Aragua, Barcelona, Barinas, Barquisimeto, Carabobo, Caracas, Cojedes, Coro, Cumaná, Guárico,
Guayana, Maracaibo, Maturín, Mérida, Margarita, Portuguesa,
Táchira, Trujillo y Yaracuy. Antes de la promulgación, la Asamblea
Nacional Constituyente decretó la creación del Distrito Federal,
en febrero de 1864.

Esta carta magna se proponía acentuar la descentralización
política y administrativa. Elimina la pena de muerte, amplía la
libertad de prensa, mantiene el sistema electoral de la Constitución de 1858 y el mismo período presidencial: cuatro años, sin

reelección inmediata, mediante voto directo y secreto y establece la Alta Corte Federal, como órgano máximo del Poder Judicial. Para entonces, imposible pedir mayor espíritu democrático, sin duda.

En cuanto a la eliminación de la pena de muerte para todos los delitos, fue Venezuela el primer país en el mundo en eliminarla. Le siguieron San Marino, en 1865 y Costa Rica, en 1877. Este orgullo, por cierto, es muy poco conocido y para la historia será un honor que le corresponderá a la Constitución Nacional de 1864, bajo la inspiración del mariscal Juan Crisóstomo Falcón y del general Antonio Guzmán Blanco.

LAS GUZMANCISTAS

Algunos tratadistas con buenos argumentos señalan que las dos constituciones promovidas por Guzmán Blanco, en verdad, son reformas de la Constitución de 1864. Al examinar los textos constitucionales advertimos que son ciertas estas afirmaciones, ya que los cambios son puntuales y guardan relación, particularmente, con el período presidencial y la supresión del voto, en la de 1874; y la eliminación del voto directo, en la de 1881. No obstante, en materia de reorganización del territorio, los cambios introducidos fueron notables.

La Constitución de 1874 (Caracas)

El 15 de abril de 1873 el Congreso Nacional elige a Antonio Guzmán Blanco Presidente de la República para cumplir un período de cuatro años, y el 19 del mismo mes le confiere el título de «El Ilustre Americano Regenerador de Venezuela». De inmediato promueve una nueva Constitución Nacional, la cual es promulgada el 27 de mayo de 1874. En ella dos reformas en relación con la anterior son dignas de mención: la reducción del período presidencial a dos años y la supresión del voto secreto, ya que a partir de entonces se requería que el voto fuese público y firmado, con lo que el secreto desaparece y, en consecuencia, la libertad de elegir también. Era difícil que alguien manifestara públicamente su inconformidad con el mandatario vigente que, como hemos visto, venía acumulando cuotas de poder verdaderamente desproporcionadas.

La promulgación de la Constitución Nacional de 1874 fue la gota que rebasó la copa de los generales Pulido y Colina, quienes estuvieron a su lado hasta entonces, y se alzaron en armas en su contra. Esta vez el ejército que respaldaba al gobierno alcanzaba cerca de veinte mil hombres, mientras los adversarios no llegaban ni a la mitad. El resultado fue favorable al poder constituido; ya para 1875 reinaba de nuevo la paz y los generales alzados habían pasado al exilio.

La política trazada desde el comienzo, la de dejar que los caudillos regionales gobernaran en sus comarcas, surtía efectos favorables para el gobierno. Por otra parte, Guzmán Blanco cambió el nombre de su partido; dejaría de llamarse Partido Liberal y pasaría a denominarse Gran Partido Liberal Amarillo. Soñaba Guzmán con que la mayoría de los candidatos presidenciales surgieran de la cantera de su partido y así fue. El debate electoral se animó a partir de finales de 1875, y después de haber apoyado al general Hermenegildo Zavarce, el gobernante se decide por la candidatura del general Francisco Linares Alcántara, uno de los caudillos que lo siguió desde el momento mismo de su desembarco en Curamichate. Guzmán Blanco entregó la Presidencia de la República el 20 de febrero de 1877, y el 18 de mayo se embarcó con destino a Francia, como ministro plenipotenciario del gobierno de Venezuela.

Será en la Constitución de 1874 donde se consagren las denominaciones, por primera vez, de los estados Bolívar (antes Guayana), Falcón (antes Coro), Guzmán Blanco (antes Aragua), Guzmán (antes Mérida), Nueva Esparta (antes Margarita), Zamora (antes Barinas) y Zulia (antes Maracaibo). Varias de estas denominaciones provienen de la Ley de División Territorial del 23 de abril de 1864; otras se consagran ya en tiempos de Guzmán Blanco en esta Constitución. En suma, se mantiene el número de 20 estados de la Constitución de 1864, pero siete experimentaron cambios durante los diez años entre una y otra. Naturalmente, los que aluden a Guzmán Blanco y su padre, Antonio Leocadio, ocurrieron durante su mandato, seguramente en respuesta al altísimo concepto que tenía de sí mismo el general Guzmán Blanco.

La Constitución de 1881 (Caracas)

En 1880, por indicaciones de Guzmán Blanco, se avanzó en la redacción del texto de la reforma constitucional, la cual fue sancionada por el Congreso Constitucional, que tenía facultades constituyentistas, el 4 de abril de 1881. En esta Constitución de 1881 quedó establecida una nueva organización territorial, pasando la República de Venezuela a organizarse en nueve estados. A saber: Oriente (antes Barcelona, Cumaná y Maturín); Guzmán Blanco (antes Bolívar, Guzmán Blanco, Guárico y Nueva Esparta); Carabobo; Sur de Occidente (antes Cojedes, Portuguesa y Zamora); Norte Occidente (antes Barquisimeto y Yaracuy); Los Andes (antes Guzmán, Trujillo, Táchira) y Bolívar (antes Bolívar y Apure).

El texto consagra la creación del Consejo Federal, integrado por un diputado y un senador por estado, escogidos por el Congreso, y será este Consejo el que elegirá al Presidente de la República, con lo que la reforma constitucional elimina el voto directo para elegir el primer magistrado. Conserva el período bienal, ya establecido antes, y establece la no reelección inmediata tanto del Presidente de la República como de los integrantes del Consejo Federal. Esta inclusión de la figura institucional del Consejo Federal, a semejanza de lo que ocurría en Suiza, condujo a que popularmente se conociera a esta Constitución como la «suiza», pero lejos de recoger el espíritu democrático suizo, reducía el universo de electores a menos de veinte, todo un salto hacia atrás en materia de representación democrática.

Este año de 1881, además de la sanción de la Constitución, Guzmán Blanco decreta, el 24 de mayo, que se tenga a la canción «Gloria la Bravo Pueblo» como Himno Nacional de Venezuela, en recuerdo, según reza el considerando del decreto, de los hijos de la «Gran Colombia»: «fue el canto patriótico con que los hijos de la gran Colombia celebraban sus victorias y se alentaban en la adversidad». Sin embargo, es de hacer notar que investigaciones posteriores señalan que lo que hace comprensibles algunas estrofas de la canción, es que esta se compuso días después del 19 de abril de 1810, cuando la Junta Conservadora de los Derechos de Fernando VII no había sido rebasada por el proyecto patriótico, y más que un canto patriótico algunas estrofas lo que señalan es fidelidad al rey depuesto (Fernando VII), en contra del usurpador francés (Bonaparte). Sí es cierto que se cantó mucho a partir de su composición, y fue entonada por los patriotas, pero no deja de ser un contrasentido que los patriotas elevaran un canto en defensa de un rey.

LA REFORMA FALLIDA DE ANDUEZA PALACIO

En 1891 el propio Andueza Palacio comenzó a promover una reforma constitucional, prácticamente idéntica a la fallida de Juan Pablo Rojas Paúl. Esta consistía en reinstaurar el voto directo para Presidente de la República y en extender el período a cuatro años, como había sido en el pasado, antes de la reforma guzmancista. Además, se proponía fortalecer el poder local, tesis del Partido Liberal original, antes de que Guzmán Blanco fuese centralizando el poder. También, se proponía reformas territoriales y de denominación de los estados. Los adversarios de Andueza, y quienes no lo eran tanto, vieron en la proposición una voluntad continuista del presidente, y de inmediato se activó la reacción contra el proyecto. Esto unía a personajes tan disímiles como Crespo y Rojas Paúl, para quien ya estaba claro que no podía controlar a Andueza, que ya volaba con autonomía. La escalada de oposición al proyecto comenzó a aumentar.

La diatriba se centró en si la reforma debía regir de inmediato, lo que dejaba a Andueza en el poder durante dos años más, o si debía regir a partir de 1894, nombrándose un presidente interino que no fuese Andueza. Cuando el texto de la reforma iba a llegar al Congreso Nacional, después del trayecto de las legislaturas estadales, Andueza advirtió que no contaría con los votos necesarios para aprobarlo y, entonces, le ordenó a sus seguidores no asistir, con lo que el cuórum se hizo imposible. Fue entonces cuando el presidente impuso la reforma desatendiendo al Congreso Nacional, lo que jurídicamente era un golpe de Estado. A partir de entonces la escalada del conflicto era guerrera. Crespo se alza en armas y denomina a su acción como la Revolución Legalista. Buscaba el poder por las armas. Consignamos, pues la intención de la reforma, mas no su aplicación, ya que no fue aprobada por el Congreso Nacional.

No obstante lo anterior, la Constitución Nacional de 1893, que veremos enseguida, acogerá la organización político-territorial propuesta en la fallida de 1891, a saber, 9 estados: Bermúdez (Barcelona, Cumaná y Maturín); Miranda (Bolívar, Guzmán Blanco, Guárico y Nueva Esparta); Carabobo; Zamora (Cojedes, Portuguesa y Zamora); Lara (Barquisimeto y Yaracuy); Los Andes (Guzmán, Trujillo y Táchira); Bolívar (Guayana y Apure); Zulia y Falcón.

LA CRESPISTA

A partir de la decisión de Andueza Palacio de imponer la reforma constitucional al margen del Congreso Nacional, y con la sola aprobación de las legislaturas estadales, el general Crespo inicia su Revolución Legalista, para oponerse a lo pautado por Andueza, y triunfa. Entra a Caracas el 6 de octubre de 1892 y de inmediato toma medidas.

A partir del momento mismo en que asume el mando, Crespo se propone hacer buena la mención al «legalismo» de su revolución, y convoca a unas elecciones directas para elegir a los integrantes de una Asamblea Constituyente que redacte un nuevo texto constitucional. La Asamblea se constituye el 4 de mayo de 1893, bajo la presidencia del general José Antonio Velutini, y confirma a Crespo como presidente provisional, sanciona una nueva ley electoral y fija los comicios para el 1 de diciembre de 1893, sobre la base de la nueva Constitución Nacional.

La Constitución de 1893

Fue promulgada el 12 de junio de 1893 por la Asamblea Nacional Constituyente y sancionada por Crespo días después. La carta magna regresa al período constitucional de cuatro años y al voto directo y secreto que había fijado la Constitución Nacional de 1858, por la que se eligió por primera vez un Presidente de la República de manera directa y secreta: Manuel Felipe de Tovar. El texto constitucional, además, prohíbe la reelección inmediata. En pocas palabras, Venezuela asumía de nuevo la democracia como sistema de gobierno, como sistema de elección de sus autoridades. Regresaba el país a tiempos anteriores a los de Guzmán Blanco quien, a medida que avanzaba en sus gobiernos, iba desdiciendo su origen liberal y sus banderas democráticas, para asumir el centralismo y el voto indirecto, a partir de la Constitución Nacional de 1881.

Crespo vence en las elecciones de diciembre de 1893 de manera abrumadora, con 349.447 votos, y asume la Presidencia Constitucional de la República el 14 de marzo de 1894, para ejercer el mando durante cuatro años. La situación económica no era la misma que imperó durante el gobierno de Andueza: los precios del café habían caído y las deudas de la República no eran pocas.

Por otra parte, habiendo surgido Crespo del vientre del guzmancismo, ahora asumía como propio el signo de los tiempos y desarticulaba el autoritarismo guzmancista, expresado en el texto constitucional vigente y propiciaba un regreso al espíritu democrático de la Constitución de 1858, de inspiración liberal, aunque auspiciada por el Partido Conservador. Como se sabe, por una confusión de términos, el Partido Liberal en la Venezuela del siglo XIX era centralista y autoritario, mientras el Partido Conservador tendía hacia el liberalismo y la descentralización democrática.

LAS CASTRISTAS

En cuanto a la legalidad del mandato de Castro, recordemos que irrumpe con su revolución buscando restaurar el hilo constitucional que dice haber roto Andrade. De modo que mediante decreto del 27 de octubre de 1899 sanciona la vigencia de la Constitución Nacional de 1893. Sin embargo, muy pronto va a convocar a una Asamblea Nacional Constituyente que redacte una nueva carta magna. Por cierto, el espíritu del nuevo texto constitucional va a ser exactamente contrario al de 1893, aun cuando fue la restauración de este el motivo que esgrimió Castro para llegar al poder. Evidentemente, la causa era otra, y esta quedó demostrada muy rápidamente: la conquista del poder con el anhelo de conservarlo indefinidamente.

La Constitución de 1901

Se sancionará el 29 de marzo de 1901, fijando el período presidencial en seis años, sin reelección inmediata, y estableciendo un nuevo método para la elección del Presidente de la República. Esta misma Asamblea, por su parte, designará a los generales Ramón Ayala y Juan Vicente Gómez como primer y segundo vicepresidente de la República. A partir de entonces en el mes de octubre del año en que se fijen elecciones, los concejos municipales escogerán a uno entre los candidatos. En caso de no ser unánime la decisión, el Congreso Nacional la perfeccionaría. Como era de esperar, para las elecciones de octubre de 1901 se presentó un solo candidato: Cipriano Castro. Es evidente que la nueva Constitución eliminó el voto directo consagrado en la de 1893, así como resintió severamente el principio del secreto del voto, al referirlo al ámbito de las municipalidades.

La organización político-territorial vuelve a ser de veinte estados, de acuerdo con lo pautado con un Acuerdo del Congreso Nacional del 27 de abril de 1899, durante el gobierno del general Ignacio Andrade. No obstante, en la Constitución de 1901, se mantienen los veinte, pero se introducen cambios en las denominaciones. Estos serán: Apure, Aragua, Bolívar, Barcelona, Carabobo, Cojedes, Falcón, Guárico, Lara, Mérida, Miranda, Maturín, Sucre (por primera vez), Nueva Esparta, Portuguesa, Táchira, Trujillo, Yaracuy, Zamora y Zulia.

La Constitución de 1904

Sobre la base de la Constitución Nacional de 1901, Castro había sido electo para gobernar por seis años, entre 1902 y 1908, sin reelección. No obstante, la Constitución Nacional promulgada el 27 de abril de 1904 suspende el período vigente y modifica el sistema de elección; ya no será a través de los concejos municipales, sino de un grupo de catorce electores, similar al de Guzmán Blanco, y así se elige a Castro como Presidente de la República para el sexenio de 1905 a 1911. Este episodio, ya descarado, viene a consolidar lo que antes era una tendencia: que el Presidente de la República de turno se mandaba a confeccionar una Constitución Nacional como si fuera un traje a la medida, para perpetuarse en el poder. No han pasado tres años de la Constitución de 1901 y Castro ya modifica el período a su favor con la de 1904. Además, sobre la base del nuevo texto constitucional, designa a dos vicepresidentes de la República: Juan Vicente Gómez y José Antonio Velutini.

Reduce, de nuevo, el número de estados. Esta vez a 13, a saber: Aragua, Bermúdez, Bolívar, Carabobo, Falcón, Guárico, Lara, Mérida, Miranda, Táchira, Trujillo, Zamora y Zulia.

LAS REFORMAS GOMECISTAS

Fueron siete las reformas a la Constitución Nacional que se dieron bajo la égida de Juan Vicente Gómez, durante su dictadura de 27 años. La mayoría, adjetivas y puntuales. Ninguna fue producto de una Asamblea Nacional Constituyente, sino de un Congreso Nacional en ejercicio y, siempre, a favor del Poder Ejecutivo constituido. De modo que no se exagera al afirmar que una efectiva y real separación de poderes no existió durante este dilatado período. Veremos lo específico de estas reformas, una a una. Señalamos, además, que el proceso de centralización del poder, restándole autonomía a los estados, fue profundizándose a lo largo de estas reformas de manera paulatina, de modo que ninguna de ellas responde a un espíritu federal o descentralizador sino, muy por el contrario, centralista.

1909

La reforma de la Constitución Nacional devuelve a la República a los veinte estados fijados en la carta magna de 1864, además de que reduce el período presidencial a cuatro años y crea un Consejo de Gobierno. Por si fuera poco, elimina el voto directo para Presidente de la República, y este pasa a ser elegido por el Congreso Nacional. Los diputados de este Congreso tampoco son elegidos de manera directa, sino mediante el sistema de segundo grado. Esto quedará consagrado así en todas las reformas gomecistas venideras. Como vemos, el proceso de centralización del poder en unas solas manos estaba en marcha. El retroceso para la democracia ya no se daba solamente en la realidad de los hechos, sino en el texto constitucional.

En el marco de la Constitución Nacional de 1909, Gómez es designado por el Congreso Nacional, el 25 de abril de 1910, «General en Jefe de los Ejércitos», y dos días después (nótese el matiz), es electo Presidente de la República para el período constitucional 1910-1914.

No obstante haber acogido la organización político territorial de los veinte estados de la Constitución de 1864, se introducen dos cambios: Barcelona pasa a denominarse Anzoátegui y aparece por primera vez la denominación Monagas.

1914

Al año siguiente de inaugurada la Academia Militar en La Planicie, el gobierno de Gómez adquiere el Palacio de Miraflores

(1911), que había hecho construir el general Joaquín Crespo, y lo emplea como sede del Poder Ejecutivo. Para esta época la importancia del petróleo iba en ascenso, y el gobierno aplicaba la política de concesiones, entre ellas una de las más grandes fue la que detentó Rafael Max Valladares, que abarcaba una superficie de cerca de 27 millones de hectáreas. Por supuesto, ningún venezolano estaba entonces en capacidad técnica de explotar la concesión, por lo que se asociaba con una compañía extranjera, como fue el caso de la Shell en esta oportunidad. En 1912 ocurre una primera intervención de la Universidad Central de Venezuela por parte del gobierno, mientras en otro orden de ideas los pintores disidentes de la educación ortodoxa, impartida en la Academia de Bellas Artes, crean el Círculo de Bellas Artes, y comienza otra era para las artes plásticas venezolanas. Como vemos, el gobierno pretendía que la dinámica de la sociedad se diera dentro de parámetros militares y la sociedad buscaba sus propios cauces expresivos.

En 1913, de acuerdo con la Constitución Nacional vigente debía convocarse a elecciones indirectas, pero el general Gómez pensaba distinto y, ante la hipotética invasión del general Castro por las costas de Falcón, suspende las garantías y se declara en campaña, fijando su cuartel general en la ciudad de Maracay. El doctor José Gil Fortoul, entonces presidente del Consejo de Gobierno, queda encargado de la Presidencia de la República, mientras algunos de quienes acompañaban a Gómez en este Consejo de Gobierno no lo siguieron en la aventura continuista. Así, salieron del gobierno los generales Leopoldo Baptista y Ramón Ayala, entre otros, produciéndose un primer cisma en el equipo gubernamental.

Entonces, el Congreso Nacional, totalmente controlado por Gómez, aprueba un extraño Estatuto Constitucional Provisorio de los Estados Unidos de Venezuela previo a la Constitución de 1914. Esta fijó la elección del Presidente de la República como tarea de las Cámaras Legislativas y se eligió un presidente provisional de la República, Victorino Márquez Bustillos, ya que el general Gómez no quería abandonar Maracay, donde residía, para vivir en Caracas, donde lo ordenaba la Constitución. Márquez prolonga su provisionalidad durante siete años. Las Disposiciones Generales de este texto constitucional son tan particulares que queda claro que el general Gómez hizo de la carta magna una «lista de mercado» de sus necesidades personales. Un capítulo triste y vergonzoso de nuestra historia constitucional.

1922

Como se acercaba el fin del período presidencial 1915-1922, el general Gómez promueve una nueva reforma de la Constitución Nacional, cosa que se materializa en junio de 1922. La reforma establece de nuevo los cargos de vicepresidentes de la República y, sobre la base del texto, el Congreso elige a Juan Vicente Gómez como Presidente de la República para el período 1922-1929. Los vicepresidentes designados serán: Juan Crisóstomo Gómez, llamado «Juancho», como primer vicepresidente; y de segundo vicepresidente el hijo del presidente: el general José Vicente Gómez. Como vemos: la epifanía del nepotismo y la prefiguración de una suerte de dinastía. El período se mantiene en siete años y se permite la reelección inmediata.

1925

La reforma de 1925 le permitió a Gómez ejercer la Presidencia de la República desde Maracay. Además, en su articulado se profundizó la intervención del poder central sobre las pocas materias en las que mantenían autonomía los estados. Fue un paso más en la centralización del poder.

1928

En 1928 se acomete una nueva reforma constitucional para eliminar el cargo de vicepresidente de la República, ya que el hijo de Gómez, José Vicente, ha sido tocado por la desconfianza de su padre. En esta oportunidad se introdujo en la Constitución Nacional el inciso 6.º del artículo 32, el que prohibía la propaganda comunista o anarquista en Venezuela.

1929

Luego, en 1929, tuvo lugar otra reforma singular. La reforma establecía que el jefe del Ejército compartiría funciones de jefe de Estado con quien fuese electo Presidente de la República. Gómez recomienda al Congreso Nacional que designe a Juan Bautista Pérez, quien venía desempeñándose en la Presidencia de la Corte Federal y de Casación, como Presidente de la República. Pérez ejerció el cargo en las condiciones descritas hasta 1931, cuando por conflictos en el interior del gomecismo se ve obligado a renunciar.

1931

Entonces, tiene lugar la séptima y última reforma que Gómez le hace a la Constitución Nacional. Fue sencilla: se reunieron en un solo cargo las funciones de Presidente de la República y comandante en jefe de los Ejércitos, y el designado no fue un misterio para nadie: Juan Vicente Gómez.

En todas las reformas, por cierto, se prescribe la no reelección inmediata del Presidente de la República; cosa distinta ocurre con un cargo de mayor poder entonces, el de jefe de las Fuerzas Armadas, que ciertamente estuvo en manos del general Gómez de manera directa o indirecta durante toda la dictadura. En todo caso, conviene recordar que los partidos políticos no funcionaban libremente y que, a partir de la reforma de 1928, se incluyó en el inciso 6.° del artículo 32 la prohibición expresa de la «propaganda del comunismo», de modo que la libertad de expresión estaba limitada desde el propio texto constitucional.

Los períodos constitucionales se fijaron en siete años de duración a partir de la Constitución de 1914, y así se mantuvieron en las siguientes de 1922, 1925, 1928, 1929 y 1931. No se permitía la reelección inmediata.

La organización político-territorial varió poco. En la de 1909, advertimos el cambio de Barcelona por Anzoátegui y el de Maturín por Monagas, regresándose a los veinte estados que la Constitución de 1904 había reducido a trece.

Si alguien hizo de la Constitución Nacional un traje a la medida de sus cambios de talla, ese fue el dictador Juan Vicente Gómez. Para los constitucionalistas es obvio que el dilatado período dictatorial fue una vergüenza; para Venezuela también.

Las reformas de López Contreras y Medina Angarita

1936

Acorde con el proceso de transición política que vivía Venezuela, la reforma de 1936 introdujo los derechos sociales en la carta magna, dando pie a los futuros derechos laborales que la legislación perfeccionó de inmediato. En este sentido fue un avance; en otros no. Por ejemplo, se le añadió al inciso 6.° del artículo 32 del siguiente párrafo:

> Se considerarán contrarias a la independencia, a la forma política y a la paz social de la nación, las doctrinas comunista y anarquista, y los que las proclamen, propaguen o practiquen serán considerados como traidores a la patria y castigados conforme a las leyes.

La reforma de 1936 no consagró el voto femenino, pero sí redujo el período presidencial de siete años a cinco y el presidente López Contreras lo asumió así cuando, en rigor jurídico, no estaba obligado a hacerlo, ya que había sido electo por el Congreso Nacional antes de la reforma. Se mantuvo la no reelección inmediata.

No fueron muchos los cambios alcanzados. Tómese en cuenta que la mayoría del Congreso Nacional provenía de tiempos del general Gómez y, aunque algunos ya alentaban al general López Contreras, no fueron mayoría como para introducir cambios mayores.

1945

Cuando se examina con serenidad la apertura política iniciada por Medina Angarita en 1941, se hallan aspectos inexplica-

bles. Por ejemplo: se autoriza la fundación de Acción Democrática en septiembre de este año; se le hace saber a la nación que el
juego político tendrá en los partidos su expresión fundamental
y estos, naturalmente, comienzan a presionar por una reforma
constitucional que permita la elección directa, universal y secreta del Presidente de la República, en concordancia lógica con el
sistema tácitamente propuesto. Es decir, el de partidos de masas,
modernos. Finalmente, la reforma constitucional de 1945 admitió
el voto femenino en la esfera municipal exclusivamente, sin que
los legisladores dieran un paso más allá en la universalización del
voto, extendiéndolo a todos los comicios para la elección de cargos. En otras palabras, les dio pie a quienes buscaban la reforma
para intentarla por otros caminos. ¿Un error político de Medina
Angarita o una imposibilidad? El testimonio de Arturo Uslar Pietri, el segundo a bordo en la nave de su gobierno, apunta a que
el Ejército Nacional se opuso a la apertura democrática que trae-
ría la reforma constitucional. Cito sus palabras, recogidas por mí
en entrevista con Uslar el año 2000 (*Arturo Uslar Pietri: ajuste de
cuentas*), refiriéndose a Medina Angarita:

> Un día me dijo: «Vamos a hablar, Arturo, vamos a hablar, de
> la sucesión de la Presidencia. Tú deberías ser el Presidente de
> Venezuela, tienes todas las condiciones para serlo, pero desgra-
> ciadamente en las circunstancias actuales yo soy el heredero de
> Cipriano Castro, a pesar de que mi padre murió peleando con-
> tra él, y no sería posible que yo rompiera esa tradición. Vamos
> a ver en quién pensamos». Entonces, de esa conversación surgió
> la candidatura de Escalante.

La tradición a la que se refiere Uslar es la que determinaba
que el Presidente de la República debía ser militar y tachirense o,
en el peor de los casos, tachirense civil, como era la condición de
Escalante. No estaba escrita en ninguna parte, por supuesto, pero
era la tradición instaurada por esta hegemonía. Si el testimonio de
Uslar es bueno, como creo que lo es, la causa de la no aprobación

de la reforma constitucional en los términos que quería buena parte de los factores políticos venezolanos fue el Ejército.

Mantuvo el período presidencial en cinco años, como ya lo había instituido la reforma de 1936 e, igualmente, impidió la reelección inmediata, permitiéndola con un período de por medio.

Los estados venían siendo los mismos desde la Constitución de 1914. En esta reforma se introdujo un cambio: el estado Zamora pasó a denominarse Barinas.

LA DEMOCRÁTICA

El 28 de marzo de 1946 fue publicado en *Gaceta Oficial* el Estatuto Electoral para la elección de los Representantes a la Asamblea Nacional Constituyente, y los comicios tuvieron lugar el 27 de octubre. Fueron los primeros que se dieron con el sufragio universal: votaron hombres y mujeres mayores de dieciocho años. Acción Democrática obtuvo el 78,43% de los votos, Copei el 13,22%, URD el 4,26% y el PCV el 3,62%.

Así como AD se constituyó en 1941 y el Partido Comunista de Venezuela (PCV) fue legalizado en 1945, gracias a la reforma constitucional durante el gobierno de Medina Angarita, Copei y URD eran agrupaciones recientes. Copei (Comité de Organización Política Electoral Independiente) se creó el 13 de enero de 1946, agrupando a quienes cerraron filas en la UNE, entonces estudiantes de colegios católicos, encabezados por Rafael Caldera, mientras URD (Unión Republicana Democrática) se funda el 17 de febrero de 1946, capitaneada en un principio por otros, y muy pronto por Jóvito Villalba. Estos fueron los partidos concurrentes a la convocatoria de elecciones de la Asamblea Nacional Constituyente que se instaló el 17 de diciembre de 1946, con Andrés Eloy Blanco en la presidencia. Una vez en funciones, investida de la soberanía popular, la Asamblea procedió a ratificar a la Junta Revolucionaria de Gobierno.

Constitución Nacional de 1947

La Asamblea designó una comisión redactora de la nueva carta magna, que tomara como base los trabajos preliminares de la anterior comisión. Esta nueva comisión estuvo integrada por Gustavo Machado, Juan Bautista Fuenmayor, Lorenzo Fernández, Panchita Soublette Saluzzo, Mercedes Carvajal de Arocha, Luis Augusto Dubuc, entre otros, y comenzó a trabajar el 30 de enero de 1947. La carta magna se sancionó el 5 de julio de 1947, quedando derogada la Constitución Nacional de 1936, que había sido modificada en 1945. Los debates para la redacción de la nueva Constitución duraron seis meses, y se transmitieron por radio, con el beneplácito de la población.

Esta Constitución consagra el principio político que venía desarrollándose, el de mayor actuación del Estado en los asuntos públicos. En el fondo, la carta magna le atribuyó mayores responsabilidades al Estado en su tarea de constructor de un «Estado de Bienestar». Consagró las elecciones universales, directas y secretas y eliminó las indirectas para todo cargo de elección popular. Así, incorporó a la mujer a la vida política en igualdad de condiciones. Mantuvo el período presidencial de cinco años, sin reelección. Luego veremos cómo, sobre la base del nuevo cuerpo constitucional, se convoca a elecciones presidenciales y parlamentarias.

Durante años fue bandera política de acción Democrática alcanzar la elección directa de gobernadores y alcaldes. De hecho, en el proyecto de Constitución presentado a consideración de la Asamblea estaba el articulado respectivo. Se dio un debate a fondo, apasionante en muchos sentidos, y AD se opuso a lo que históricamente había apoyado. ¿Por qué? Todas las evidencias apuntan a que se opuso por razones políticas puntuales: sabía que perdía en varios estados donde la oposición era mayoría. Fue una lástima y una torpeza política, ya que esa misma oposición descontenta, que luego derrocará a Gallegos, habría contado con bastiones para el ejercicio compartido del poder.

La organización político-territorial se mantuvo igual en cuanto a los estados. Se crean los territorios federales Amazonas y Delta Amacuro y se prescribe que se regirán por leyes especiales.

LA DE LA DICTADURA

La Constitución Nacional de 1953

En relación con el período presidencial, la nueva carta magna mantuvo el quinquenio, la no reelección inmediata (con un período de por medio) y el sistema electoral de la Constitución de 1947, pero en otros aspectos regresó a lo pautado por la Constitución de 1936, en particular en lo relativo a los derechos de los ciudadanos. Cambió la denominación de Estados Unidos de Venezuela por República de Venezuela, con lo que se reconocía que el federalismo venezolano de mediados del siglo XIX no se había materializado. La denominación provenía de la Constitución de 1864, cuando Falcón gozaba del apogeo del federalismo.

Concuerdan los constitucionalistas en que se trató de un texto diseñado para la dictadura militar que, sin embargo, recogió muchas de las pautas de la Constitución de 1947. La organización político-territorial permaneció sin cambios.

LA DEL PACTO DE PUNTOFIJO

Constitución Nacional de 1961

El 23 de enero de 1961 se promulga la nueva Constitución Nacional. Recoge muchas de las disposiciones y el espíritu de la de 1947. Proclama una democracia representativa, con períodos presidenciales quinquenales, por elección directa, universal y secreta, sin reelección inmediata, pero fijando esta posibilidad para diez años después del abandono del cargo. Es decir, dos períodos presidenciales. Esta disposición fue nefasta para la democracia venezolana, ya que los expresidentes no pasaban a retiro, sino que empezaban su campaña para el regreso al poder, impidiendo el relevo generacional y la renovación de la dirigencia de los partidos políticos. Por otra parte, la Constitución Nacional de 1961 será la de más larga duración de nuestra historia, siendo suplantada por la de 1999, después de 38 años de vigencia.

En materia de organización político-territorial añade a los territorios federales las dependencias federales. Deja igual la denominación de los estados. Dentro del marco de esta Constitución, en 1991, Delta Amacuro alcanzó los requerimientos poblacionales para ser estado, al igual que ocurrió con Amazonas en 1992, ambos dentro del segundo período presidencial de Carlos Andrés Pérez. Por su parte, en 1998, el presidente Rafael Caldera elevó al litoral guaireño a estado Vargas, siempre dentro de las atribuciones del texto constitucional vigente. Los tres nuevos estados van a ser consagrados constitucionalmente en la carta magna de 1999.

Es de hacer notar que dentro del marco de lo pautado por la Constitución Nacional de 1961 en su artículo 137, se promulgó la Ley Orgánica de Descentralización, Delimitación y Transferencia de Competencias del Poder Público, publicada en *Gaceta Oficial* el 28 de diciembre de 1989. Esta ley modificó sustancialmente el texto constitucional de 1961, así como la ley que permitió la elección directa de gobernadores y alcaldes el 3 de diciembre de 1989, saldándose así una deuda postergada desde 1947, cuando AD impidió que se consagrara este principio en la Constitución de 1947. De modo que, finalmente, cuarenta y dos años después los electores locales accedieron a un derecho preterido por las constituciones de 1953 y 1961. Nótese que esta reforma no requirió una enmienda a la Constitución de 1961 y, en verdad, fue alcanzada cuando ya era un clamor popular que se instituyera. Dada su importancia consignamos estas leyes aquí, ya que si bien no fueron enmiendas o reformas a la Constitución como tales, sí tuvieron una importancia central para el desenvolvimiento constitucional de la República.

LA DE LA DESCENTRALIZACIÓN

El 25 de abril de 1999 tuvo lugar un Referéndum Consultivo Nacional que invitaba a responder a una pregunta sí o no. La pregunta fue: «¿Convoca usted una Asamblea Nacional Constituyente con el propósito de transformar el Estado y crear un nuevo ordenamiento jurídico que permita el funcionamiento efectivo de una democracia social y participativa?». Participó el 37,65% de los electores y se abstuvo el 62,35%. De los que participaron, el 87,75% dijo que sí. De inmediato se convocó a elecciones para elegir a los diputados de la Asamblea Nacional Constituyente. Los comicios tuvieron lugar el 25 de julio de 1999, con el sistema nominal, y fue por ello que la mayoría de los electos, salvo seis diputados, eran afectos al gobierno, ya que el sistema nominal abolía el sistema proporcional de las minorías, produciendo un extraño cuadro, en el que cerca del 40% de la población votó a favor de los candidatos de la oposición y, sin embargo, obtuvo el 5% de los escaños (6), mientras el 60% a favor del gobierno obtuvo cerca del 95% de los diputados (125). A todas luces, la representación no reflejó la voluntad nacional en su exacta dimensión. En todo caso, constituida la Asamblea Nacional Constituyente, y presidida por Luis Miquilena, la redacción de la nueva Constitución comenzó de inmediato.

La Asamblea Nacional Constituyente, haciendo uso de la soberanía que en ella había depositado el pueblo, intervino el Poder Judicial y, también, el Parlamento que había sido electo en noviembre de 1998. La llamada «Reforma Judicial» comenzó a desarrollarse, causando convulsiones internas de gran peso, sin que todavía pueda sentirse que el Poder Judicial ha mejorado en relación con el que entonces imperaba. En otras palabras, la reforma de fondo sigue pendiente. El 30 de agosto de 1999 la Asamblea decreta una «emergencia legislativa» y suspende toda actividad del Congreso Nacional electo en 1998, pero será el 27 de diciembre del mismo año cuando la Asamblea Nacional Constituyente haga cesar el mandato del Congreso Nacional electo en 1998. Quedaba, pues, disuelto el Congreso Nacional. A partir de entonces, y hasta la elección de la Asamblea Nacional bajo la nueva Constitución, funcionó el llamado popularmente «Congresillo», que estuvo seis meses en actividad, entre enero y agosto de 2000, funcionando como una suerte de comisión delegada, integrada por 21 miembros. Todos estos cambios tuvieron lugar en medio de las más enconadas protestas de la oposición y dentro de un clima de grandes tensiones en el país.

Constitución Nacional de 1999

La Constitución Nacional de 1999 introduce cambios importantes en relación con la de 1961. Desaparece la bicameralidad del Parlamento, y pasa a llamarse Asamblea Nacional, con una sola cámara. Los militares adquieren la posibilidad de votar. El período presidencial se extiende a seis años con una reelección inmediata, mientras el período de los diputados se mantiene en cinco años, hasta con dos reelecciones inmediatas. A los gobernadores y alcaldes se les extiende el período a cuatro años con reelección. La democracia que persigue el texto constitucional deja de ser representativa y pasa a ser participativa y protagónica. Se debilita el control civil sobre el estamento militar al despojar al Poder Legislativo del análisis de los ascensos militares. Se establece la posibilidad de convocar a referéndum revocatorio a mitad de mandato de todos los cargos electos por voluntad popular y, además, la República pasa a llamarse República Bolivariana de Venezuela. A los clásicos tres poderes (Ejecutivo, Legislativo y Judicial), la Constitución sumó el Ciudadano y el Electoral. El primero está integrado por la Fiscalía General, la Contraloría General y la Defensoría del Pueblo. Por otra parte, la carta magna creó la figura del vicepresidente ejecutivo, designado por el Presidente de la República.

El Referéndum en el que se consultó sobre la aprobación o no de la nueva Constitución Nacional tuvo lugar el 15 de diciembre de 1999, en medio de la tragedia de Vargas. La abstención fue del 55,63% según datos oficiales del CNE, de modo que el 44%

de los electores aprobaron con 71,78% la Constitución, mientras el 28,22 % dijo «no».

La Constitución de 1999 comprende una organización político-territorial de veintitrés estados y un Distrito Capital. A los veinte que vienen de la Constitución de 1864 (con cambios en sus denominaciones) se sumaron los de Vargas, Amazonas, Delta Amacuro y Distrito Capital.

CONSIDERACIONES FINALES

Lo primero que se impone es darle un vistazo al vecindario suramericano y preguntarse si el número de constituciones de una República es síntoma de su estabilidad o inestabilidad política. No adelantemos respuesta. Veamos. El orden de aparición de las repúblicas en la lista que sigue será acorde con el número de constituciones que han sido sancionadas en ellas, de menor a mayor.

En Brasil ha habido 7 constituciones. La imperial, 1824; la primera republicana, 1891; la de 1934; la del Estado Novo, 1937; y las de 1946, 1967 y la actual, de 1988. Como vemos, la de mayor duración fue la imperial.

En Argentina se tomó el camino de las reformas constitucionales a partir de 1853. La primera Constitución es de 1819, la segunda de 1826 y la tercera de 1853. Sobre esta se han hecho las reformas de 1860, 1866, 1898, 1949, 1972 y 1994.

En Uruguay también ha prevalecido el camino de las reformas. A la Constitución de 1830, de larguísima duración, le sucedió la de 1917; la de 1936, con reformas en 1936 y 1938; la de 1942, 1952 y 1966, con reformas en 1989, 1994, 1997 y 2004.

En Chile hubo un primer período de cambios constitucionales intensos (1812, 1818, 1822, 1823, 1828) para luego establecer el texto de 1833, al que se le hicieron reformas puntuales a lo largo de 92 años (1871, 1873, 1874, 1882, 1888, 1891, 1892, 1893), para ser sustituido por la Constitución de 1925 y, luego, por la de 1980.

En Colombia ha habido una singular estabilidad constitucional, con 9 cartas magnas y el camino de las reformas puntuales. A las de 1811, 1830, 1832, 1843, 1853, 1858, 1863, las sucedió la de 1886, cuya vigencia expiró en 1991, cuando se sancionó el nuevo texto constitucional ciento cinco años después.

En Paraguay ha habido 11 constituciones. Las de 1811, 1813, 1814, 1816, 1841, 1842, 1844, 1870, de larga vigencia, hasta 1940; luego, 1967 y 1992, la actual.

En Perú, si consideramos las tres de 1836 como una sola, y es posible hacerlo, ha habido 15 cartas magnas. Las de 1812, 1823, 1826, 1828, 1834, 1836, 1837, 1839, 1856, 1860 y 1867, cuya larga vigencia se detiene con la de 1920, seguida por las de 1933, 1979 y 1993.

En Bolivia ha habido 20 textos constitucionales. Desde la Constitución de 1826, abiertamente monárquica y redactada por Bolívar, hasta la reforma de 2005. Le siguen a la primera las de 1826, 1831, 1834, 1839, 1843, 1851, 1861, 1868, 1871, 1878, 1880, 1921, 1931, 1938, 1945, 1947, 1961, 1967, 1994, 2004 y la aludida reforma de 2005.

En Ecuador suman 24 textos constitucionales. A saber: 1812, 1820, 1830, 1835, 1843, 1845, 1851, 1852, 1861, 1869, 1878, 1884, 1897, 1906, 1929, 1945, 1946, 1967, 1978, 1984, 1993, 1996, 1998 y 2008.

Y, finalmente, Venezuela suma 26 textos constitucionales, siendo con Ecuador y Bolivia de las repúblicas más dadas al furor constitucional. La lista es conocida, pero la repetimos: 1811, 1819, 1821, 1830, 1857, 1858, 1864, 1874, 1881, 1891, 1893, 1901, 1904, 1909, 1914, 1922, 1925, 1928, 1929, 1931, 1936, 1945, 1947, 1953, 1961 y 1999. Es de recordar que muchos de estos textos fueron meras reformas puntuales, pero no se presentaban como tales.

¿Puede pensarse que hay una relación entre el número de cartas magnas de un país y su estabilidad política? Todo indica que sí, lo que no quiere decir que los países históricamente menos estables institucionalmente están condenados a permanecer así, naturalmente. Hay una relación directa entre las revueltas políticas y el número de constituciones, ya que muchas de ellas son seguidas de una nueva Constitución. Bastan los ejemplos de Ecuador y Venezuela para confirmarlo. Pero cuidado, la ausencia de cambios constitucionales también puede deberse al establecimiento de una dictadura militar. Allí está el caso de Paraguay o, también, la cantidad de cambios constitucionales puede deberse a lo mismo. Allí están las seis reformas del dictador Gómez, en Venezuela, para confirmarlo. De modo que no es fácil establecer constantes y variables. Intentemos advertir algunos momentos constitucionales comunes en Suramérica. Veamos.

Distinguimos seis oleadas constitucionales en Suramérica en doscientos años de vida republicana. Una primera en el momento de fundación de las repúblicas. Desde las constituciones de 1811 (Venezuela, Colombia, Paraguay) y 1812 (Perú, Chile, Ecuador), hasta la de 1826, de Argentina, y las cuatro de 1830 (Venezuela, Colombia, Ecuador, Uruguay) y la de Bolivia de 1831 y Chile, en 1833. Todas ellas son fundacionales o son posteriores al intento fallido de la «Gran Colombia», que también fue un momento de refundación.

La segunda oleada corresponde a la década de 1850, cuando Bolivia (1851), Ecuador (1851, 1852), Argentina y Colombia (1853), Perú (1856) y Venezuela (1857, 1858) experimentaron cambios políticos que se materializaron en transformaciones constitucionales.

La tercera oleada responde a los mismos cambios internos, pero coincidentes en alguna medida, en la década de 1860. En Argentina (1860 y 1866), Perú (1860 y 1867), Ecuador (1861 y 1869), Bolivia (1861 y 1868), Colombia (1863) y Venezuela (1864). Cuando en una misma década se dan dos cambios constitucionales, suelen estar motivados por reacciones a los primeros que se dan, pero no siempre es así, naturalmente. Algunos de estos cambios guardan relación con instrumentalizaciones federales; otros, con luchas de poder internas.

La cuarta oleada corresponde a la década de 1890, cuando en Colombia (1886), Venezuela (1891 y 1893), Chile (1891, 1892, 1893), Ecuador (1897) y Argentina (1898) tienen lugar cambios constitucionales, en algunos casos como consecuencia de reacciones a situaciones particulares de la dinámica política local; en otros, como puesta al día de cartas magnas rezagadas.

Hasta aquí las oleadas del siglo XIX que fueron cuatro, mientras las del siglo XX fueron dos, lo que señala claramente un avance en cuanto a estabilidad institucional y, en alguna medida, política.

En la década de 1940 están dándose transformaciones radicales en algunos países. Es el caso del Estado Novo en Brasil (1937, 1946) o la esperada constitución democrática venezolana de Acción Democrática (1947), o el cambio que supuso, para bien y para mal, el peronismo en la Argentina (1949). También, en Paraguay (1940), Uruguay (1942), Bolivia (1945 y 1947) y Ecuador (1945 y 1946) tuvieron lugar cambios constitucionales. La Guerra Mundial, la crisis del Estado liberal y la necesidad de ensanchar el papel del Estado, además de otros factores singulares, produjeron la mayoría de estas nuevas cartas magnas.

En la década de los años noventa fueron varios los países de Suramérica que renovaron sus sistemas políticos, bien sea porque estaban saliendo de una dictadura militar o porque se habían agotado las vigencias de sus constituciones. Brasil sanciona un nuevo texto constitucional en 1988; Colombia en 1991; Paraguay en 1992; Perú en 1993 y Bolivia en 1994. Ecuador lo modifica tres veces en estos años: 1993, 1996, 1998, prueba irrefutable de la profunda inestabilidad política que ha padecido este país. Finalmente, Venezuela aprueba una nueva carta magna en 1999.

No cabe la menor duda acerca de la relación entre el número de cambios políticos y el número de textos constitucionales, lo que no quiere decir que la ausencia de cambios políticos sea expresión de avance y modernidad en una sociedad. Puede ser manifestación de lo contrario. En todo caso, el lector extraerá sus propias conclusiones en cuanto a la historia constitucional de Venezuela en el marco suramericano. No he incluido a la América Central porque es una realidad que desborda el interés ejemplar que me otorga Suramérica sola. Ofrezcamos unas últimas anotaciones sobre las cinco variables que motivaron este breve trabajo.

La primera variable, la dicotomía federalismo-centralismo. Si bien es cierto que nuestra primera Constitución es federal (1811) y Bolívar la consideraba inapropiada para la situación bélica que se vivía, en la que urgía un poder central, también lo es que el Libertador no consideraba al federalismo propicio para estas repúblicas en tiempos de paz. De allí que la Constitución de 1819 sea centralista, y la Boliviana de 1826 también. Incluso, más allá del centralismo, tenía claros rasgos monárquicos.

Esta dialéctica se resuelve con la Constitución de 1830, que acogía rasgos federales y centrales, aunque más de estos últimos. Luego, en la Constitución de 1864 se asume el federalismo plenamente, pero veremos cómo la realidad va apuntando hacia otros derroteros y el federalismo va quedando en el papel y no en la esfera política. Después, el federalismo desaparece del texto constitucional y el centralismo asume la preeminencia. Será la Constitución de 1999 la que consagre lo que se había alcanzado en 1989 con la Ley de la Descentralización Política y Administrativa: elecciones de gobernadores y alcaldes, transferencias de responsabilidades. No obstante, en la práctica, el gobierno de Hugo Chávez ha golpeado sistemáticamente la descentralización, por más que esté consagrada en el texto constitucional. De modo que estamos ante una extraña paradoja: la Constitución de 1999 es abiertamente descentralizadora, pero el gobierno que se desenvuelve en su marco no lo es, siendo el gobernante quien propulsó la Asamblea Nacional Constituyente de 1999 y la redacción de la nueva carta magna.

No cabe la menor duda de que la descentralización fue una aspiración importante de las comunidades estadales venezolanas, y cuando se aprobó la ley en 1989 nadie se oponía a su dictado, pero también lo es que no todos los partidos políticos del sistema reaccionaron adecuadamente al nuevo escenario, y muchos de ellos perdieron primacía (AD), mientras otros alcanzaban gobernaciones y alcaldías que en el marco anterior era imposible que lograran (MAS, Causa R).

En suma, la Constitución de 1999 en cuanto a la transferencia del poder central hacia las regiones fue un paso notable, de acuerdo con el espíritu de la ley de 1989. ¿Será posible que las fuerzas centralistas terminen por regresar el estado de cosas a la situación anterior y la descentralización pierda los fueros alcanzados? No lo sabemos, pero pareciera que la descentralización es una fuerza histórica con demasiados argumentos de justicia (y prácticos) como para ser derrotada.

La segunda variable que consideramos fue la del sistema electoral. La República comenzó con un sistema censitario, que se mantuvo hasta la Constitución de 1858, cuando se adoptó el voto directo y universal en una asamblea dominada por el Partido Conservador, abandonándose el censitario para siempre. Aunque la universalidad del voto no se instrumentó por diversas razones. Luego, durante los mandatos de Guzmán Blanco, el voto fue perdiendo su raigambre democrática. Primero se despojó al voto de su condición secreta, con la Constitución de 1874, y luego, con la Constitución de 1881, desapareció el voto directo. Con Crespo y la Constitución de 1893, regresaron el voto directo y secreto, y se perdió el voto directo de nuevo con Cipriano Castro y la Constitución de 1901, cuando al Presidente de la República pasaron a elegirlo los concejos municipales. A todas luces, un nuevo retroceso para la democracia. Todavía peor será la Constitución de 1904, que establece la elección de la primera magistratura por parte de una suerte de sanedrín de 14 electores, algo similar a lo establecido antes por Guzmán Blanco.

Durante la dictadura gomecista será el Congreso Nacional quien elija al Presidente de la República en elecciones indirectas, y solo con el Estatuto Electoral de 1946 será que los venezolanos alcancen la elección universal, directa y secreta para presidente y diputados y senadores, ya después consagrada por la Constitución de 1947. Desde entonces y hasta nuestros días no se ha involucionado a formas antidemocráticas del voto, pero cuidado. Todo es posible.

En resumen, desde el punto de vista de los avances democráticos en materia electoral, serán las constituciones de 1858, 1864, 1893 y 1947 las más importantes, así como la Ley de Descentralización Política de 1989, que permitió la elección directa, universal y secreta de gobernadores y alcaldes, cosa que las constituciones de 1947 y 1961 no instituyeron, y la de 1999 sí.

La tercera variable a considerar fue la duración del período presidencial. La Constitución de 1830 establecía cuatro años, mientras la de 1857 (Monagas y el Partido Liberal) lo extendió a seis. La Constitución de 1858 (Julián Castro) lo regresó a cuatro; la de 1874 lo redujo a dos, de acuerdo con los intereses de Guzmán Blanco; la de 1893 (Crespo) lo regresó a cuatro; la de 1901, de acuerdo con los intereses de Castro, lo elevó a seis. Después, las gomecistas oscilaron entre cuatro (1909) y siete (1914), siempre de acuerdo con la voluntad del dictador; y luego la Constitución de 1936 (López Contreras) fijó el período en cinco años. Así se mantuvo en todos los textos constitucionales hasta que el de 1999, de acuerdo con la voluntad de Hugo Chávez, pasó a seis años.

Es evidente que en las tres oportunidades en que se ha extendido el período presidencial a seis o siete años (Monagas, Castro, Gómez y Chávez) ha habido por parte del primer mandatario la voluntad y el deseo de no abandonar el poder, de ejercerlo el mayor tiempo posible.

La cuarta variable guarda relación con la misma voluntad de ejercer el poder *sine die*; nos referimos a la reelección inmediata. La primera Constitución que la establece es la de 1857, cuando Monagas buscaba no abandonar el mando. Restituye la no reelección la de 1858 y así permaneció hasta la Constitución de 1999, que la establece por un período. Luego, el referéndum de 2009 la extiende de manera indefinida, siempre de acuerdo con la expresa voluntad de Chávez de permanecer en el poder muchos años.

La Constitución de 1947 instituye la posibilidad de ser reelecto con un período de por medio, y la de 1961 con dos períodos de por medio. Ambas disposiciones, quedó demostrado en la práctica, fueron nefastas, ya que impidieron el pase a retiro de los expresidentes (Pérez y Caldera) y la renovación efectiva del liderazgo político. La Constitución de 1999 y el referéndum de 2009 instituyeron el peor escenario en contra del principio de la alternabilidad en el poder, esencial para la democracia: la reelección indefinida.

La quinta y última variable es anecdótica y a la vez reveladora de las patologías del ego padecidas por algunos gobernantes.

A partir de la Constitución de 1811 se denominaron las jurisdicciones nacionales «provincias», tal y como las designaba la Corona española. Luego, a partir de la Constitución de 1864 (Falcón) y hasta nuestros días se denominan «estados».

El primero en introducir cambios asombrosos fue Guzmán Blanco. Denominó a un estado con su apellido, y a otro con el apellido de su padre en la Constitución de 1874. No contento con eso, en la Constitución de 1881 redujo de veinte estados a nueve el territorio nacional, eliminando el que llevaba el apellido de su padre y manteniendo el de él, incluso con una mayor extensión.

La Constitución de 1901 restituye los veinte estados anteriores a Guzmán Blanco, pero la de 1904 vuelve a reducirlos a trece, ambas constituciones bajo la égida de Castro. Será la gomecista de 1914 la que vuelva a los veinte, con leves modificaciones, ya establecidos por la de 1857. Desde entonces y hasta nuestros días han sido pocos los cambios: el paso de territorios federales a estados (Amazonas, Amacuro) y la conversión de municipio en estado: Vargas.

Hay unos cambios que merecen que nos detengamos brevemente. En la Constitución de 1874 surge el estado Bolívar por razones más que comprensibles. Coro se cambia por Falcón, también comprensible. Margarita por Nueva Esparta. Este cambio nunca se entendió claramente. ¿Nueva Esparta? Es extraño y sin mucho sentido. Se creó el estado Zamora, pero la fuerza de la realidad lo hizo desaparecer en la Constitución de 1945, cuando pasa a denominarse Barinas, lógicamente. Maracaibo pasa a denominarse Zulia, extendiendo el radio denominador al río y no a la ciudad; comprensible también.

Otros: en la Constitución de 1893 surgen tres nuevas denominaciones: Bermúdez, que desaparece en la de 1901; y Miranda y Lara, que se sostienen hasta nuestros días. Lo mismo ocurre con Sucre, estampada en la de 1901, Anzoátegui y Monagas, en la de 1909. Las tres, sobrevivientes hasta la actualidad.

Hasta aquí las observaciones sobre las variables atendidas. Advirtamos otros rasgos en esta relación. Primero, la tensión entre la búsqueda de un poder central y omnímodo y otro descentralizado y regional está presente desde la creación de la República y hasta nuestros días. En el siglo XIX fue expresión del centralismo autoritario el Partido Liberal, mientras el Partido Conservador fue más cercano a la descentralización. Pudiera decirse que fue más democrático, al menos en la expresión constitucional de ella, ya que fue el partido que parió la Constitución de 1830, que respetaba la alternabilidad, y la de 1858, que instituyó la elección directa, secreta y universal. Luego, las modificaciones reaccionarias a estos principios democráticos provinieron del Partido Liberal guzmancista, con sus posteriores modificaciones.

Como vemos, podría decirse que el centralismo autoritario fue militar (Monagas, Guzmán Blanco) y el federalismo también (Falcón). Incluso, los rasgos liberales del Partido Conservador tenían lugar con el general Páez a la cabeza. De modo que durante el siglo XIX tanto el centralismo como el federalismo son encabezados por hombres de a caballo y guerra. No así en el siglo XX, cuando el centralismo ha sido cosecha militar (la hegemonía tachirense), mientras la descentralización ha sido obra civil. Por otra parte, imposible no advertir la relación entre el autoritarismo centralista de Chávez y su formación militar exigua. Y digo exigua porque se trata de un teniente coronel, que no alcanzó estudios de postgrado. Imposible no advertir que en la pretensión de centralizar el poder respira un espíritu antidemocrático.

Las constituciones venezolanas han recogido esta tensión de nuestra historia republicana. También lo han hecho en relación con la manera de acceder al poder (sistema electoral), el tiempo de permanencia en él (período presidencial) y la posibilidad de volver a ejercerlo (reelección), y acerca de estas tres variables ya vistas ha tenido lugar una tensión pronunciada en la sociedad desde 1811 hasta la Constitución de 1961, cuando creímos resuelta la dialéctica, porque creíamos que el principio de la alternabilidad republicana estaba blindado, pero ya vemos que no era así, y las pretensiones continuistas del siglo XIX estaban allí, esperando su oportunidad. Estábamos equivocados. Regresó con bríos con Hugo Chávez y sus seguidores, quienes han extendido el período presidencial y han establecido la reelección indefinida, sin ser el nuestro un sistema de gobierno parlamentario sino, muy por el contrario, presidencialista. Pero repitámoslo una vez más: la reelección indefinida no está en la Constitución de 1999; sí el período de seis años y la reelección inmediata. Lamentablemente, tampoco está el método de la doble vuelta electoral.

Veamos de nuevo el vecindario y demos por hecho que la adopción de un sistema está basada en la experiencia y conveniencia colectiva. En Paraguay no se contempla la reelección de ninguna manera; en México tampoco. En Brasil, Argentina, Ecuador y Colombia: períodos presidenciales de 4 años y una reelección, como en los Estados Unidos. En Bolivia el período es de cinco años reelegible de inmediato por un período y reelegible con período de por medio. En Uruguay el período es de cinco años y no hay reelección inmediata, sí con un período de por medio. En Chile el período es de cuatro años sin reelección inmediata. En Perú el período presidencial es de cinco años sin posibilidad de reelección inmediata.

Solo en Venezuela hay reelección indefinida con períodos de seis años, entre todas las Repúblicas de Suramérica. También hay reelección indefinida en Francia y Chipre. Es evidente que el principio de alternabilidad, consustancial a la democracia, fue vulnerado severamente a partir de la Constitución de 1999 y muy particularmente a partir del referéndum de 2009, en el que lamentablemente se alcanzó una diferencia porcentual menor a favor de su inclusión en la Constitución.

Otro aspecto central que debemos consignar puede formularse con una pregunta: ¿cuáles de las constituciones fueron fruto de un mínimo consenso político y cuáles fueron una imposición de un sector triunfante sobre otro, perdedor? La mayoría fue fruto de una victoria política de un sector sobre otro y fue expresión de ese triunfo. Ni siquiera el hecho de ser consecuencia de una Asamblea Nacional Constituyente garantizó que todos los sectores de la sociedad estuvieran presentes en proporción con sus dimensiones.

Veamos ejemplos: la Constitución de 1811 fue obra de Roscio e Isnardy, inspirados en los principios constitucionales norteamericanos; el ideario federal estuvo a la orden del día. Apenas ocho años después Bolívar imprime su voluntad en el texto constitucional de 1819, reaccionando acremente al federalismo de 1811, expresándose así dos extremos. Es cierto que la Constituyente de 1830, que redactó el texto constitucional de aquel año, intentó conciliar entre las dos posturas en pugna y en buena medida lo logró, al punto que el país funcionó moderadamente bien durante 27 años, hasta que Monagas, sin trámite constituyente, impone cambios adaptados a su voluntad en el texto de 1857, sin considerar al resto de la sociedad que no lo acompañaba. ¿El resultado? La forzosa separación del poder de Monagas y la convocatoria a una Asamblea Constituyente de signo contrario, en 1858.

Como vemos, en estos ejemplos ya el sino impositivo se viene dando. Igual ocurre con el triunfo federal y la Constitución de 1864, y todavía peor será la imposición de Guzmán Blanco sobre la sociedad en los textos de 1874 y 1881. De hecho, la Constitución crespista de 1893 será una vuelta al espíritu democrático de la de 1858, en reacción directa a las modificaciones guzmancistas.

Las de Castro y Gómez fueron expresión de sus voluntades omnímodas y en ningún caso de un pacto societario. Las reformas de 1936 y 1945 tampoco expresaban un convenio entre sectores antagónicos de la sociedad. La de 1947 sí, en buena medida, aunque no totalmente, ya que la hegemonía de Acción Democrática supuso la imposición de políticas que hasta esa misma organización adversaba antes, como fue el caso de la elección directa de gobernadores y alcaldes a la que se opuso, cuando años antes formó parte de sus banderas. No obstante, las discusiones en la Asamblea Nacional Constituyente fueron, por primera vez en nuestra historia, ricas conceptualmente y fructíferas en muchos sentidos.

La Constitución de 1953, durante la dictadura perezjimenista, fue un traje a la medida de las pequeñas ambiciones del dictador. Nada de importancia que señalar en el sentido que venimos apuntando. Por otra parte, la Constitución de 1961, si bien no fue fruto de una Asamblea Constituyente, sí lo fue de un Congreso más plural que la Asamblea de 1947. En este sentido fue un paso hacia adelante, en la medida en que el texto constitucional fue discutido por una comisión muy calificada, durante dos años, y se alcanzó un consenso de tal magnitud que se expresó en el tiempo: ha sido hasta ahora la de más larga duración en nuestra historia republicana: 38 años.

Los diputados a la Asamblea Nacional Constituyente de 1999 se eligieron mediante un método que dejó de lado un principio democrático: la representación proporcional de las minorías y, para colmo, se valió de una artimaña electoral conocida como «las morochas», que sería imposible explicar aquí, pero que burla la voluntad popular. Ambos caminos condujeron a un contrasentido: el 40% de los electores estuvo representado por seis diputados, mientras el 60% por casi 170. De modo que este texto constitucional fue una imposición de un sector mayoritario de la sociedad sobre otro, de considerables dimensiones. No fue producto de un pacto social, ni de un acuerdo mínimo entre actores de una comunidad política, dispuestos a jugar con reglas acordadas conscientemente. Esta disparidad se ha expresado a lo largo del mandato de Chávez: un sector del país intentando imponerse al otro, humillándolo, desconociéndolo, persiguiéndolo, y el otro resistiendo y creciendo paulatinamente. Esto, naturalmente, ocurre siempre que un sector de la sociedad se impone sobre el otro en espíritu hegemónico. Ocurre siempre que no se forma una comunidad política dispuesta a jugar con reglas de alternabilidad claras.

En suma, ¿cuántos de nuestros textos constitucionales han sido fruto de un verdadero pacto sociopolítico? Muy pocos, pero los que más se acercaron a ello, los textos de 1947 y 1961, han sido los que más tiempo han durado, sobre todo si consideramos que buena parte de lo pautado en la Constitución de 1961 ya estaba en la de 1947. En 1999 se perdió una oportunidad de oro al adoptar un método electoral que no expresó la composición de la sociedad y se pasó una suerte de aplanadora sobre casi la mitad de la población que fue a votar. Por supuesto, son muchas las lecciones que podemos extraer de esta brevísima historia constitucional. Pero entre todas brilla una: de nada sirve imponerle a la sociedad un punto de vista no negociado. Tarde o temprano esa misma sociedad reacciona, bien imponiendo criterios contrarios o bien llamando a un consenso. Esto último es lo más difícil y sigue siendo una deuda de los dirigentes con la sociedad venezolana.

Hasta aquí las consideraciones finales. Espero haber entregado a mis lectores un breve trabajo de utilidad, que permita comprender mejor la trágica crisis que padece Venezuela.

CUADROS

I Constituciones y cinco variables

CN	Naturaleza	Elecciones	Período	Reelección	Territorio
1811	Federal	Censitario	4 años	No previsto	7 provincias
1819	Central	Censitario	4 años	No inmediata	10 provincias
1821	Central	Censitario	4 años	No inmediata	3 departamentos
1830	Híbrida	Censitario	4 años	No inmediata	9 provincias
1857	Centra	Censitario	6 años	Inmediata	21 provincias
1858	Híbrida	Voto directo	4 años	No inmediata	21 provincias
1864	Federal	Voto directo	4 años	No inmediata	20 estados
1874	Federal	Eliminación Voto secreto	2 años	No inmediata	7 estados
1881	Federal	Eliminación Voto directo	2 años	No inmediata	9 estados
1893	Híbrida	Voto directo	4 años	No inmediata	9 estados
1901	Central	Voto 2° grado	6 años	No inmediata	20 estados
1904	Central	Voto Consejo Federal	6 años	No inmediata	13 estados
1909	Central	Voto Congreso	4 años	No inmediata	20 estados
1914	Central	Voto Congreso	7 años	No inmediata	20 estados
1922	Central	Voto Congreso	7 años	No inmediata	20 estados
1925	Central	Voto Congreso	7 años	No inmediata	20 estados
1928	Central	Voto Congreso	7 años	No inmediata	20 estados
1929	Central	Voto Congreso	7 años	No inmediata	20 estados
1931	Central	Voto Congreso	7 años	No inmediata	20 estados
1936	Central	Voto Congreso	5 años	No inmediata	20 estados
1945	Central	Voto Congreso	5 años	No inmediata	20 estados
1947	Central	Voto directo y universal	5 años	No inmediata	20 estados
1953	Central	Voto directo y universal	5 años	No inmediata	20 estados
1961	Central	Voto directo y universal	5 años	No inmediata	20 estados
1999	Híbrida	Voto directo y universal	6 años	Inmediata	23 estados

II Constituciones y Presidentes de la República

Constitución	Presidentes
1811 Triunviro	Cristóbal Mendoza
Triunviro	Baltasar Padrón
Triunviro	Juan Escalona
Triunviro	Francisco Espejo
Triunviro	Fernando Rodríguez del Toro
Triunviro	Francisco Javier Ustáriz
Presidente provisional	Francisco de Miranda
1819	Simón Bolívar
Ley Fundamental de la República de Colombia 1819	Simón Bolívar
1821	Simón Bolívar
Gobierno de facto	José Antonio Páez
1830	José Antonio Páez
	José María Vargas
Presidente provisional	Andrés Narvarte
Presidente provisional	José María Carreño
	Carlos Soublette
	José Antonio Páez
	Carlos Soublette
	José Tadeo Monagas
	José Gregorio Monagas
	José Tadeo Monagas
1857	José Tadeo Monagas
Gobierno de facto	Julián Castro
1858	Julián Castro
Presidente provisional	Pedro Gual

	Manuel Felipe de Tovar
Gobierno de facto	José Antonio Páez
Gobierno de facto	Juan Crisóstomo Falcón
1864	Juan Crisóstomo Falcón
Gobierno de facto	José Tadeo Monagas
Gobierno de facto	Guillermo Tell Villegas
Gobierno de facto	José Ruperto Monagas
Gobierno de facto	Guillermo Tell Villegas
Gobierno de facto	Antonio Guzmán Blanco
1874	Antonio Guzmán Blanco
	Francisco Linares Alcántara
Gobierno de facto	José Gregorio Cedeño
Gobierno de facto	Antonio Guzmán Blanco
1881	Antonio Guzmán Blanco
	Joaquín Crespo
	Juan Pablo Rojas Paúl
	Raimundo Andueza Palacio
Presidente provisional	Guillermo Tell Villegas
Gobierno de facto	Joaquín Crespo
1893	Joaquín Crespo
	Ignacio Andrade
Gobierno de facto	Cipriano Castro
1901	Cipriano Castro
1904	Cipriano Castro
1909	Juan Vicente Gómez
1914	Victorino Márquez Bustillos
1922	Juan Vicente Gómez
1925	Juan Vicente Gómez
1928	Juan Bautista Pérez
1929	Juan Bautista Pérez

1931	Juan Vicente Gómez
1936	Eleazar López Contreras
	Isaías Medina Angarita
1945	Isaías Medina Angarita
Gobierno de facto	Rómulo Betancourt
1947	Rómulo Gallegos
Gobierno de facto	Carlos Delgado Chalbaud
Gobierno de facto	Germán Suárez Flamerich
Gobierno de facto	Marcos Pérez Jiménez
1953	Marcos Pérez Jiménez
Presidente provisional	Wolfgang Larrazábal Ugueto
Presidente provisional	Edgar Sanabria
	Rómulo Betancourt
1961	Rómulo Betancourt
	Raúl Leoni
	Rafael Caldera
	Carlos Andrés Pérez
	Luis Herrera Campíns
	Jaime Lusinchi
	Carlos Andrés Pérez
Presidente provisional	Ramón J. Velásquez
	Rafael Caldera
	Hugo Chávez
1999	Hugo Chávez
	Hugo Chávez

Gobierno de facto: así designamos al presidente que ha accedido al poder al margen del orden constitucional vigente.

Presidente provisional: así designamos al presidente que ha sido escogido por algún cuerpo colegiado, en medio de una crisis constitucional, para que ejerza la primera magistratura hasta la conclusión del período presidencial interrumpido o hasta la elección constitucional de un nuevo magistrado, sobre la base de un nuevo texto constitucional.

OBSERVACIONES

De los 47 presidentes en la nómina, 25 han sido militares y 22 civiles, aunque de estos 22, cuatro estuvieron a las órdenes de un militar con casi ninguna autonomía (Guillermo Tell Villegas, Victorino Márquez Bustillos, Juan Bautista Pérez y Germán Suárez Flamerich), dos en un período interinario sin mayor poder real, tributario de un poder militar (Narvarte, Gual) y cuatro formaron parte de los triunviratos (Mendoza, Padrón, Espejo y Ustáriz), que sumaron menos de un año de duración. Aclaramos este punto porque pareciera que hubo más gobiernos presididos por civiles de los que en realidad hubo. En verdad, los que cuentan como tales son los años de los electos dentro de un marco constitucional (Vargas, Tovar, Rojas Paúl, Gallegos, Betancourt, Leoni, Caldera, Pérez, Herrera Campíns, Lusinchi, Pérez, Velásquez, Caldera, Chávez).

También es menester aclarar que hubo gobiernos presididos por militares que fueron electos constitucionalmente y entregaron el poder al final de sus períodos, sin pretender permanecer indebidamente en el cargo. Es el caso de Bolívar, Páez, Soublette, José Gregorio Monagas, Falcón, Guzmán Blanco, Crespo, López Contreras y Medina Angarita, quienes siendo militares respetaron el orden constitucional y entregaron el poder en su momento, desarrollando conductas tan civilistas como las de los civiles. De ninguna manera debe hacerse un sinónimo entre militares y militarismo, ya que muchos de ellos han sido más civiles que autoritarios. Evidentemente, otros intentaron permanecer en el poder *sine die*. Algunos lo lograron, otros no.

La suma de años de gobiernos presididos por militares (dictaduras o no) o bajo su égida, alcanza a 151, mientras los de civiles a 49, en doscientos años de vida republicana.

De los 22 presidentes civiles, 16 han sido abogados, dos médicos y cuatro bachilleres.

De los 47 presidentes, se cuentan 15 caraqueños (Mendoza, Escalona, Ustáriz, Rodríguez del Toro, Miranda, Bolívar, Gual, Tovar, Guzmán Blanco, Rojas Paúl, Pérez, Gallegos, Delgado Chalbaud, Suárez Flamerich, Sanabria); 7 tachirenses (Castro, Gómez, López Contreras, Medina Angarita, Pérez Jiménez, Pérez, Velásquez); 4 portugueseños (Páez, Andueza Palacio, Márquez Bustillos, Herrera Campíns); 3 guaireños (Vargas, Narvarte, Soublette); 3 mirandinos (Espejo, Carreño y Betancourt); 2 monaguenses (Monagas y Monagas), 2 anzoatiguenses (Monagas y Lusinchi); 2 aragüeños (Linares Alcántara y Crespo), 2 carabobeños (Cedeño y Villegas) y 1 presidente de cada uno de los estados: Bolívar (Leoni), Barinas (Chávez), Falcón (Falcón), Mérida (Andrade), Sucre (Larrazábal) y Yaracuy (Caldera). Incluso, un español: Baltasar Padrón.

Como vemos, no ha habido presidentes nacidos en Apure, Amazonas, Delta Amacuro, Cojedes, Guárico, Lara, Nueva Esparta, Trujillo y Zulia.

III Períodos presidenciales
(se incluyen solo los concluidos)

Bienios

Francisco Linares Alcántara	1877-1878
Joaquín Crespo	1884-1886
Antonio Guzmán Blanco	1886-1888
Juan Pablo Rojas Paúl	1888-1890
Raimundo Andueza Palacio	1890-1892

Cuatrienios

Simón Bolívar	1821-1826
	1826-1830
José Antonio Páez	1831-1835
	1839-1843
José María Vargas	1835-1839
Andrés Narvarte	
José María Carreño	
Carlos Soublette	
Carlos Soublette	1843-1847
José Tadeo Monagas	1847-1851
José Gregorio Monagas	1851-1855
Joaquín Crespo	1892-1898
Juan Vicente Gómez	1910-1914

Quinquenios

Eleazar López Contreras	1936-1941
Rómulo Betancourt	1959-1964
Raúl Leoni	1964-1969
Rafael Caldera	1969-1974
	1994-1999
Carlos Andrés Pérez	1974-1979

Luis Herrera Campíns	1979-1984
Jaime Lusinchi	1984-1989

Sexenios

Hugo Chávez	2000-2006

Septenios

Victorino Márquez Bustillos	1915-1922
Juan Vicente Gómez	1922-1929

IV Cambios constitucionales de las denominaciones de las provincias y estados

1811 Margarita, Mérida, Cumaná, Barinas, Barcelona, Trujillo y Caracas.

1819 Barcelona, Barinas, Caracas, Coro, Cumaná, Guayana, Maracaibo, Margarita, Mérida y Trujillo.
Se incorporan Maracaibo, Coro y Guayana.

1821 Las provincias de Venezuela forman todas un Departamento de la República de Colombia.

1830 Apure, Barinas, Barcelona, Carabobo, Caracas, Cumaná, Coro, Guayana, Maracaibo, Mérida, Margarita.
Se incorporan Apure y Carabobo. Desaparece Trujillo.
Venezuela deja de ser un Departamento de la República de Colombia y vuelve a ser una República.

1857 Caracas, Maracaibo, Cojedes, Carabobo, Barinas, Portuguesa, Aragua, Guayana, Coro, Yaracuy, Táchira, Cumaná, Mérida, Barcelona, Barquisimeto, Guárico,

Trujillo, Maturín, Margarita, Apure.
Se incorporan Cojedes, Portuguesa, Aragua, Yaracuy,
Táchira, Barquisimeto, Guárico, Maturín. Se restituye
Trujillo.

1858   Igual a 1857.

1864   Apure, Aragua, Barcelona, Barinas, Barquisimeto,
Carabobo, Caracas, Cojedes, Coro, Cumaná, Guárico,
Guayana, Maracaibo, Maturín, Mérida, Margarita,
Portuguesa, Táchira, Trujillo, Yaracuy.
Dejan de denominarse provincias y pasan a denominarse
estados. De hecho, la República comenzó a llamarse Esta-
dos Unidos de Venezuela hasta la Constitución de 1953,
cuando volvió a su denominación original: República de
Venezuela.

1874   Apure, Bolívar, Barquisimeto, Barcelona, Carabobo,
Cumaná, Cojedes, Falcón, Guzmán Blanco, Guárico,
Guayana, Guzmán, Maturín, Nueva Esparta, Portuguesa,
Táchira, Trujillo, Yaracuy, Zamora, Zulia.
Surge Bolívar. Falcón sustituye a Coro, Zulia a
Maracaibo y Nueva Esparta a Margarita. Barinas es
sustituida por Zamora, Mérida por Guzmán y Caracas
por Guzmán Blanco.

1881   Oriente, Guzmán Blanco, Carabobo, Sur Occidente,
Norte Occidente, Los Andes, Bolívar.
Oriente comprende a Barcelona, Cumaná y Maturín.
Guzmán Blanco a Bolívar, Guárico y Nueva Esparta.
Sur Occidente a Cojedes, Portuguesa y Zamora. Norte
Occidente a Barquisimeto y Yaracuy. Los Andes a
Guzmán, Trujillo y Táchira. Bolívar a Guayana y Apure.

1893   Los Andes, Bermúdez, Bolívar, Carabobo, Falcón, Lara, Miranda, Zamora y Zulia.
Se crean Bermúdez, Lara y Miranda. Se restituyen Falcón, Zamora y Zulia.

1901   Apure, Aragua, Bolívar, Barcelona, Carabobo, Cojedes, Falcón, Guárico, Lara, Mérida, Miranda, Maturín, Sucre, Nueva Esparta, Portuguesa, Táchira, Trujillo, Yaracuy, Zamora y Zulia.
Se crea Sucre en sustitución de Cumaná. Se crean el Distrito Federal y los territorios federales Amazonas y Delta Amacuro.

1904   Aragua, Bermúdez, Bolívar, Carabobo, Falcón, Guárico, Lara, Mérida, Miranda, Táchira, Trujillo, Zamora, Zulia.

1909   Apure, Aragua, Anzoátegui, Bolívar, Carabobo, Cojedes, Falcón, Guárico, Lara, Monagas, Mérida, Miranda, Nueva Esparta, Portuguesa, Sucre, Táchira, Trujillo, Yaracuy, Zamora y Zulia.
Se crean Anzoátegui, que sustituye a Barcelona, y Monagas, que sustituye a Maturín.

1914   En estas constituciones no hay cambios en las denominaciones.
1922
1925
1928
1929
1931
1936

1945   Un solo cambio: Zamora vuelve a denominarse Barinas.
1947   En estas constituciones no hay cambios en las denominaciones.

1953
1961
1999   Se incorporan Vargas, Amazonas y Delta Amacuro y la
denominación de la República también, añadiéndosele
el apellido Bolívar: República Bolivariana de Venezuela.

OBSERVACIONES

De las denominaciones de los 23 estados, 10 son voces indíge-
nas (Amacuro, Apure, Aragua, Barinas, Carabobo, Cojedes, Guárico,
Táchira, Yaracuy y Zulia); 7 llevan el apellido de un héroe militar
del período independentista y de la Guerra Federal (Anzoátegui,
Bolívar, Falcón, Lara, Monagas, Miranda, Sucre); 1 el apellido de
un prócer civil (Vargas); 1 alude a una figura mitológica griega
(Amazonas) y otro a la región de Esparta (Nueva Esparta); otro a
un río que lleva el nombre de una originaria de Portugal (Portuguesa) y 2 que reproducen toponímicos españoles (Mérida y Trujillo).

La cronología de la denominación procera comienza con
el estado Bolívar, por iniciativa de Guzmán Blanco dentro de la
génesis del mito, en la Constitución de 1874, donde también aparece el estado Falcón. Miranda se consagra en la de 1893, al igual
que Lara. Sucre en la de 1901. Anzoátegui en la de 1909, junto
con Monagas. Vargas en la de 1999. Por el camino quedaron los
estados Bermúdez, Zamora, Guzmán y Guzmán Blanco.

TEXTOS VINCULADOS CON EL TEMA

CONSTITUCIONES Y REELECCIONES

La primera Constitución de la República de Venezuela, la que redactaron Juan Germán Roscio y Francisco Isnardi en 1811, era tan avanzada para su tiempo que creaba la presidencia triunvira, gracias a su espíritu descentralizador del poder. Luego, con la separación del proyecto utópico de la «Gran Colombia» y la recreación de la República de Venezuela, se redactó la Constitución de 1830, sancionada en el Congreso Constituyente de Valencia, y apadrinada por Páez. Fijó el período presidencial en 4 años, sin reelección inmediata. La de 1857, promovida por José Tadeo Monagas y su afán continuista, establecía el período en 6 años con reelección inmediata. Fue tal el descontento, que Julián Castro encabezó la protesta y Monagas tuvo que abandonar el poder sin disparar un tiro e irse al exilio, gracias al protocolo Urrutia. La de 1858 fue la más democrática de su tiempo, ya que estableció el voto directo –las anteriores lo concebían de segundo grado–, y regresó el período a 4 años, sin reelección inmediata. Bajo este texto se eligió por primera vez a un presidente con sufragios directos, en 1860: Manuel Felipe de Tovar.

La Constitución de 1864, la de Falcón, consagró la Federación y mantuvo el período en 4 años sin reelección inmediata, con voto directo y secreto, además de profundizar la descentralización del poder. Luego viene la de 1874, promovida por Guzmán Blanco: un retroceso para el espíritu democrático: eliminó el voto secreto y redujo el período presidencial a 2 años. La de

1881 creó el Consejo Federal y mantuvo la eliminación del voto directo, dejando en manos de este organismo, suerte de sanedrín de adulantes, la elección del Presidente de la República. Tiempo después, cuando Joaquín Crespo retorne al poder, se redactará la de 1893, que regresará el período a 4 años sin reelección inmediata, con voto directo y secreto. Esta, junto con la de 1858 y 1864, fue la más democrática del siglo XIX. Lamentablemente, cuando Ignacio Andrade fue electo bajo las pautas de esta carta magna, Crespo y él cometieron un fraude electoral, en 1897.

La Constitución de 1901, la de Cipriano Castro, extiende el período a 6 años, no contempla la reelección inmediata y elimina el voto directo: un paso atrás. La de 1904 modifica el sistema electoral, dejando la decisión de la escogencia en 14 miembros de otra comandita de adulantes. Las modificaciones de Gómez fueron varias, pero ninguna estableció el voto directo y propendieron a concentrar el poder en la figura del Benemérito. Será López Contreras quien tome una decisión que lo enaltecerá: aceptó que la reforma de la Constitución, en 1936, redujera el período presidencial de 7 a 5 años, sin reelección inmediata. Caso único en nuestra historia.

La Constitución de 1947, la de AD, fue la primera plenamente democrática del país. Consagró la elección universal, directa y secreta y mantuvo el quinquenio, ya fijado en 1936. La de 1953 recogía las mismas pautas electorales y de período que la de 1947, pero Pérez Jiménez cometió un fraude electoral en 1957, convocando a un plebiscito no establecido y burlando la voluntad popular, al igual que en 1952. La Constitución de 1961 no permitía la reelección inmediata, pero sí con dos períodos de por medio. Esto, lo he dicho muchas veces, fue nefasto, ya que impidió el relevo generacional y condujo a que Pérez y Caldera iniciaran su campaña al día siguiente de abandonar el poder, con miras a 10 años después.

La Constitución de 1999 acoge lo establecido por la de 1857: 6 años con reelección inmediata. Entonces, Monagas no quería abandonar el poder. Nadie ha planteado nunca la reelección indefinida, salvo Hugo Chávez.

2008

ELECCIONES Y REELECCIONES

La Constitución Nacional de 1830 estableció el período constitucional en cuatro años, sin reelección inmediata, mediante votaciones de segundo grado, reservadas a los varones propietarios. Bajo esta Constitución gobernaron Páez, Vargas y Soublette, hasta que José Tadeo Monagas, en su segunda presidencia, se mandó a hacer una Constitución a la medida de sus aspiraciones. El autócrata Monagas promulgó la Constitución Nacional de 1857, que cambiaba el período presidencial de cuatro años a seis, y permitía la reelección inmediata por un período más. El monagato, como se sabe, llegó al colmo del nepotismo: no solo lo sucedió su hermano, después de su primer período, sino que gobernó con su yerno, que además era su sobrino, como vicepresidente en su segundo período. Este gobierno triste tuvo un fin inesperado: cayó Monagas en una semana, sin ofrecerle resistencia al general Julián Castro.

La Constitución Nacional de 1858 es la primera democrática del país. La impone la Convención de Valencia y en ella se fija el período presidencial en cuatro años, sin reelección inmediata. Es la primera que dispone la elección directa, tanto de Presidente como de vicepresidente de la República, así como de diputados. Bajo este marco democrático tuvieron lugar las elecciones de 1860, las que ganó el primer presidente electo de manera directa en Venezuela: Manuel Felipe de Tovar, así como el vicepresidente Pedro Gual. Además, esta Constitución acentuó como nunca antes la autonomía de las provincias. La Constitución de 1864 mantiene la elección directa y el período de cuatro años sin reelección inmediata.

La Constitución Nacional de 1874, animada por Antonio Guzmán Blanco, reduce el período presidencial a dos años y, aunque mantiene el voto directo, elimina su condición secreta obligando al sufragante a firmarlo, con lo que evidentemente pierde su autonomía. La de 1881, también de Guzmán Blanco, no introduce cambios sustanciales en esta materia. La Constitución Nacional de 1891, bajo la presidencia de Raimundo Andueza Palacio, regresa el período presidencial a cuatro años. La de 1893, cuando gobierna Joaquín Crespo, establece el período de cuatro años y no puede ser reelecto el presidente de manera inmediata. Reconoce el voto directo de la Constitución de 1858. Las constituciones de Cipriano Castro, las de 1901 y 1904, no introducen cambios en materia electoral, pero sí en la extensión del período presidencial, alargándolo a seis años. Por otra parte, el texto constitucional hacía énfasis en la centralización del poder político, rebajando la autonomía de las provincias.

La Constitución Nacional de 1909 trae consigo un retroceso para las fuerzas democráticas. Establece el período presidencial en cuatro años sin reelección inmediata, pero elimina el voto directo, dejando la elección del Presidente de la República en manos del Congreso Nacional. Lo mismo ocurre con la elección de los diputados: deja de ser directa. La Constitución de 1914 eleva el período presidencial a siete años, y la de 1922 elimina el cargo de vicepresidente de la República. Las otras de Gómez no introducen cambios sustanciales en materia electoral y de períodos presidenciales.

La de 1936 honra a Eleazar López Contreras, ya que reduce el período presidencial de siete a cinco años y prohíbe la reelección inmediata, aunque no reestablece el voto directo, conquista democrática de la Constitución Nacional de 1858. La Constitución de 1947, bajo la primera presidencia de Rómulo Betancourt, y gracias a una Asamblea Constituyente presidida por Andrés Eloy Blanco, elimina las elecciones indirectas, crea las universales (voto femenino y de analfabetos) para todo venezolano mayor de 18 años, hace obligatorio el voto y, además, establece la representación proporcional de las minorías: concepto democrático y moderno. Bajo esta Constitución Nacional es electo Rómulo Gallegos en diciembre de 1947. Fue el primer venezolano electo en comicios universales, ya que el primero electo en comicios directos fue Manuel Felipe de Tovar.

La Constitución Nacional de 1953 sigue las pautas electorales y los períodos de cinco años de la de 1947, pero a la hora de las elecciones la dictadura militar de Pérez Jiménez buscó dos ardides: la elección de diputados a una Asamblea Constituyente en

1952, cambiándola por la elección presidencial que debía ocurrir, y un plebiscito en 1957, fecha en la que la Constitución ordenaba unas elecciones democráticas. La Constitución Nacional de 1961 siguió las pautas electorales y de período de la de 1947: directa, secreta, universal, con un período de cinco años, pero introdujo el gravísimo error de la reelección presidencial con un intervalo de dos períodos presidenciales. Dejó vivos políticamente a los expresidentes y estos le cerraron el paso a las generaciones de relevo. La Constitución Nacional de 1999 vuelve a los tiempos del autócrata Monagas: fija el período en seis años con reelección inmediata.

2006

LAS CONSTITUCIONES

Si incluimos en la lista el Acta de la Independencia, son 25 las constituciones que se han promulgado en Venezuela, a lo largo de 200 años de vida republicana. De todas ellas, las sustanciales, las que introdujeron cambios democráticos, fueron cinco (1830, 1858, 1864, 1947 y 1961). Iré explicando cada una de las razones que me llevan a esta afirmación.

La de 1830 fundó la República de Venezuela, independizándonos de la utopía bolivariana de la «Gran Colombia». Instituyó la alternabilidad como principio cardinal. No contemplaba la reelección inmediata. Y, si la significación de un texto constitucional se mide por su vigencia, pues es la segunda en permanencia en el tiempo. La primera, en este sentido, es la de 1961, que imperó durante 38 años, mientras la de 1830, lo hizo durante 27. La Constitución de 1858 restituyó, mejorándola, la de 1830, ya que venía a deshacer el entuerto de José Tadeo Monagas. Este caudillo personalista fue el que modificó la de 1830 con la de 1857, que introdujo dos cambios nefastos: contempló la reelección inmediata por un período, llevó el período a seis años y, quizás más grave aún, acabó con la autonomía de los estados, centralizándolo todo en manos del Ejecutivo. Si a alguien se parecería Chávez si le es aprobada la reforma constitucional propuesta, es a José Tadeo

Monagas, el primer venezolano que se hizo una Constitución a la medida de sus ambiciones personales, centralizando lo que se había descentralizado, buscando perpetuarse en el mando.

La de 1864, después del triunfo de la Federación, supuso un paso adelante en la descentralización del poder y, en consecuencia, la democracia. Profundizó lo establecido por la de 1858 y, aunque es cierto que un Estado federal nunca llegó a establecerse entre nosotros, no es menos cierto que en ella se consagraba como un *desiderátum*. Luego, la Constitución de 1947 representó un avance de grandes proporciones, ya que consagró la elección universal, directa y secreta. La de 1961, en verdad, sigue a la de 1947, y son pocos los cambios en relación con ella. La significación de la de 1961 viene dada por su vigencia en el tiempo, y porque fue el marco en el que se desarrolló la democracia representativa, fundada sobre la base del juego de los partidos políticos, y fue la que le señaló a los militares el carácter profesional de su trabajo, sin que se les privilegiara más allá del estamento civil.

El estudio del tema constitucional, que no todos los historiadores suelen atender con el cuidado que exige, no puede despacharse simplificándolo y diciendo que «total, los dictadores hacen lo que quieren». No es así. Los marcos constitucionales señalan parámetros de mayor importancia de lo que imaginamos. Tarde o temprano las violaciones a la Constitución serán cobradas, si no por la lenta justicia, por la inevitable valoración histórica y esta, aunque no parezca, le importa más a los sátrapas de lo que los demócratas imaginan.

En cuanto a las constituciones que contemplaron cambios a favor del caudillo de turno, nadie supera al general Gómez. La suyas son 7 (1909, 1914, 1922, 1925, 1928, 1929, 1931) en 27 años, con modificaciones ajustadas a su voluntad de perpetuación. ¿Qué había en ellas? Elecciones indirectas, centralización (a partir de la de 1925 el Presidente de la República nombra a dedo a los presidentes de estados), ampliación del período presidencial a siete años (a partir de la de 1914). En otras palabras: concentración de poder en una sola mano, retrocesos en el proceso de la República democrática.

2007

JUAN GERMÁN ROSCIO: A 240 AÑOS DE SU NACIMIENTO

El 27 de mayo de 2003 se cumplieron 240 años del nacimiento de uno de los venezolanos más importantes de nuestra historia republicana y, paradójicamente, uno de los menos conocidos. Hijo de un milanés, Cristóbal Roscio, y de una mestiza, Paula María Nieves, vio la luz en San Francisco de Tiznados. No pertenecía a los estamentos de la sociedad que podían educarse en la universidad y, sin embargo, gracias a la hija del conde de San Javier pudo asistir a ella, graduándose de abogado y doctorándose en cánones.

Su participación en el proceso de independencia de Venezuela es fundamental, pero la inmensa mayoría de los venezolanos ignora por qué. Junto con Francisco Isnardy redacta el Acta de la Independencia, firmada el 5 de julio de 1811: acto jurídico y político que determina el nacimiento de la República de Venezuela. Luego es designado por el Congreso Constituyente para que redacte las bases de la Constitución Nacional, tarea que emprende junto a Francisco Javier Ustáriz y Gabriel de Ponte, hasta que el 21 de diciembre de 1811 es sancionada la primera Constitución Nacional que, como se sabe, tuvo vigencia hasta la pérdida de la Primera República, hacia mediados de 1812.

Es hecho preso por las fuerzas de Domingo Monteverde y enviado junto a ocho patriotas más a la cárcel de Cádiz, para luego ser trasladado a la prisión de Ceuta en 1813. Finalmente es liberado en 1815, gracias a las gestiones del británico liberal Thomas Richards. En la prisión de Ceuta escribió su libro memorable: *El triunfo de la libertad sobre el despotismo*.

Hasta donde mis conocimientos alcanzan, considero que este es el esfuerzo intelectual más complejo y profundo que venezolano alguno materializó acerca de la justificación cristiana de la independencia. Más aún, desconozco una obra de mayor peso intelectual que esta, a favor del proceso independentista venezolano y de toda la América Hispana. Roscio se da a la tarea titánica de encontrar en la Biblia la necesidad categórica que tienen los auténticos cristianos de buscar la libertad, y de no tolerar el despotismo en ninguna de sus expresiones. Sus esfuerzos van dirigidos a demostrar que la justificación bíblica de la detentación soberana del poder por parte del monarca es imposible. El libro, que para colmo de maravillas inaugura una escritura en Venezuela de la que va a ser heredero nada menos que José Antonio Ramos Sucre, está escrito siguiendo la modalidad agustiniana de la confesión, y es un prodigio de exactitud y elegancia en el dominio del idioma.

El trasfondo filosófico del proceso independentista es el liberalismo, y de la lectura de la obra de Roscio se desprende que este había abrevado en esas fuentes con fruición, pero además se dio a la tarea de ensamblar en un solo cuerpo su formación católica de origen y las nuevas ideas liberales, que en nada concordaban con la posición de la Iglesia católica de entonces, que defendía el derecho divino de los reyes. Si alguien se empeñó en una verdadera revolución fue Roscio: con sus ideas contravenía las del statu quo de su tiempo. Leyó la Biblia como el hombre moderno que era: en su contexto histórico, atendiendo a sus dimensiones políticas, y con el necesario sentido interpretativo crítico. Su trabajo, entonces y ahora, fue y sigue siendo asombroso.

Ahora bien, esta joya que invito a leer, según uno de sus más acuciosos conocedores, el sacerdote jesuita Luis Ugalde: «tal vez no pasen de diez los venezolanos que hayan leído íntegramente esta obra». Y esto lo afirma en su libro *El pensamiento teológico-político de Juan Germán Roscio*, publicado por La Casa de Bello en 1992. El mismo Ugalde refiere unos datos editoriales que son estremecedores y elocuentes. La obra de Roscio se publica en Filadelfia en 1817 y se reedita dos veces más en esta ciudad y tres veces en México. Las seis ediciones tienen lugar entre 1817 y 1857. La primera edición venezolana data de 1953, lo que indica a todas luces que hasta entonces el libro fue escasísimamente leído entre nosotros, ya que no se tiene noticia sobre una pródiga circulación de las ediciones mexicanas del siglo XIX. Esta edición de 1953 se le debe, como muchísimas otras deudas, al trabajo de Pedro Grases. Él mismo relata en el prólogo al libro de Ugalde que compró, en la librería hispánica de Oxford, Dolphin, un ejemplar de *El triunfo de la libertad sobre el despotismo* que ha dado origen a las ediciones venezolanas que se han hecho (Monte Ávila Editores, 1983, Biblioteca Ayacucho, 1996). Me ahorro los comentarios y comparto la vergüenza.

La costra de mitos que impide ver la historia de Venezuela en su dimensión ósea espera por el trabajo de muchas revisiones y relecturas. Entre las más urgentes está la de hincarle el diente al proceso de independencia y exponer a la luz del orgullo la obra insólita y conmovedora de Roscio. Acepten estas breves líneas como una invitación.

2003

EL 19 DE ABRIL DE 1810: ALGUNAS PRECISIONES

En esta fecha concluye un proceso iniciado en 1808, año en que Napoleón invade España. Al no más pastar los caballos del ejército napoleónico a sus anchas, se desató una tempestad jurídica cuya solución estribó en determinar en donde residía la soberanía del pueblo. Si esta la detentaba Fernando VII, al ser sustituido por José Bonaparte de manera ilegítima, la soberanía regresaba al pueblo. Este fue el argumento que hicieron valer las provincias peninsulares, pero en las americanas los representantes de la Junta Suprema Central pensaron, de manera injusta, que no debía ocurrir igual. Por ello, el regente Mosquera inició un proceso persecutorio contra la primera junta establecida en Caracas, para sorpresa y escándalo de los fieles súbditos mantuanos, quienes no entendían que se les persiguiera por defender al rey depuesto.

Una vez resuelto el escollo de Mosquera, cuando la Junta Central lo sustituyó y se restituyó el honor de los caraqueños inculpados, surgió la Regencia en España, que invalidó a todas las juntas, de modo que el problema volvía a su punto inicial. Los súbditos de Fernando VII no aceptaban otro rey. Esta es la piedra fundacional de los hechos del 19 de abril de 1810, cuando el Cabildo caraqueño, presidido por Martín Tovar Ponte y

José de las Llamozas, hace valer la soberanía popular residente en el Ayuntamiento. Entonces se crea la Junta Conservadora de los Derechos de Fernando VII, y se invita a participar en ella al capitán general, Vicente Emparan, y a los otros funcionarios de la Corona depuesta, pero estos no se avinieron con el proyecto. No obstante, firman el Acta del 19 de abril, y en los días siguientes abandonan la Provincia de Venezuela, a la que todavía le falta un año para ser República.

No todos los integrantes del Cabildo y firmantes del acta son los mismos que formaron la junta en 1808, y seguramente la de 1810 fue menos fiel a España que la anterior. No pasaron en balde los desmanes de Mosquera. De estos días es la canción *Gloria al bravo pueblo*, que alude a estos hechos, y «la ley respetando la virtud y honor» es la española, no la francesa: la libertad que pide «el pobre en su choza» es la del yugo napoleónico, no el español.

Es cierto que en estos sucesos de raigambre constitucional está el germen de la República de 1811, pero no lo es que estos hombres lo hiciesen por un afán revolucionario, como cierta historiografía lo consigna. Defendían a su rey y dejaban claro que la soberanía residía en el pueblo representado en el Cabildo. Por ello no aceptaban a otro monarca sin su consentimiento.

2007

EL 5 DE JULIO DE 1811

No hay manera de comprender el 5 de julio de 1811 si no atendemos al 19 de abril de 1810; es este el momento álgido de un proceso que se había iniciado dos años antes con la incursión del ejército napoleónico en la península ibérica, que luego se profundizó con las claudicaciones de Bayona, cuando Napoleón le entrega la corona de España a su hermano José. El 19 de abril el cabildo de Caracas asume la soberanía y no reconoce a Bonaparte, ya que el rey por el que juraron, Fernando VII, había sido depuesto. Al asumir la soberanía, muy pronto convoca a elecciones para que los otros cabildos de la Capitanía General de Venezuela elijan diputados para un Congreso que se pronuncie. Finalmente, ese Congreso se reúne en marzo de 1811 y se torna en constituyente, dada la presión mirandina ejercida desde la Sociedad Patriótica y, finalmente, nace la República el 5 de julio.

Pero la ruptura es anterior a esta fecha fundacional. Viene dándose paulatinamente desde 1808, cuando la Regencia designa a Mosquera como su representante y este encarcela a los mantuanos caraqueños que defendían al rey. Este disparate hirió el corazón de la fidelidad con el monarca español. Fueron incontables los errores y las estupideces de las autoridades peninsulares sustitutas de la Corona, de modo que la ruptura se viene dando a partir de antes. Incluso, si extremamos el argumento, las reformas borbónicas implementadas por el ministro Godoy ya habían creado una irritación profunda en los mantuanos, desde finales del siglo XVIII. No puede analizarse el proceso de independencia sin atender a la disminución que estas reformas trajeron para los criollos.

El proceso que va de 1808 al 5 de julio de 1811 es exclusivamente civil. El abogado Juan Germán Roscio es quien emblematiza este período. Forma parte activa de los hechos del 19 de abril como diputado del pueblo en el Cabildo caraqueño; luego, es electo diputado para el Congreso Constituyente; redacta el Acta de la Independencia, el texto explicativo posterior al acta (de gran significación conceptual) y, además, forma parte de la comisión redactora de la primera Constitución Nacional, la de 1811. La escritura de Roscio es preciosa. En muchas oportunidades he señalado que el parentesco de la de José Antonio Ramos Sucre con la suya es evidente. Basta leer la única obra de importancia teórica escrita en el período de la independencia, *El triunfo de la libertad sobre el despotismo*, para comprobar lo que afirmo. Pero a su escritura precisa se suma la pertinencia de su formación. La deuda con Roscio es ingente.

Conviene aclarar que Bolívar en toda esta etapa es un personaje secundario: cuántas veces habrá que decirlo. En la enseñanza básica hay una sobredimensión patológica de la figura del Libertador y esto es sumamente dañino. Refuerza la idea del héroe por encima de los trabajos colectivos, enfatiza el personalismo mesiánico y dibuja un panorama falso. La deificación de Bolívar es de los daños más graves que se le han proferido a la venezolanidad, pero esto no es nuevo; este desatino tiene años cometiéndose. El otro error es querer justificar la independencia sobre la base de una dominación terrible y genocida colonial, como si eso hubiera sido lo único que ocurrió, cuando no es cierto. Ni un extremo ni el otro.

Es evidente que si satanizas el pasado colonial no lo vas a comprender; no lo estás estudiando, lo estás condenando. En general, los desafueros en la enseñanza vienen al hacer mitología y olvidarse de la historia. Por ese camino sesgado y reduccionista es imposible comprender matices y, sin estos, no hay manera de entender los hechos.

2010

LA REPÚBLICA DEMOCRÁTICA

La República de Venezuela que se funda en Valencia con la Constitución de 1830, una vez disuelto el proyecto utópico de la «Gran Colombia», contemplaba períodos presidenciales de cuatro años, sin reelección inmediata. Los electores eran los propietarios, mayores de edad y varones, mediante sufragios de segundo grado. El paso democrático siguiente de mayor importancia se da con la Constitución de 1858, promulgada por el contradictorio general Julián Castro. Gracias a este texto constitucional se convocan las primeras elecciones directas que hubo en el país, en abril de 1860, en medio de la Guerra Federal. Las ganó Manuel Felipe de Tovar con 35.010 votos, dándose entonces un paso democrático sustancial: era la primera vez que se elegía de manera directa, aunque todavía no universalmente. Además, la adelantadísima Constitución de 1858 instituyó la elección directa de gobernadores y diputados. También regresó al período presidencial de cuatro años sin reelección inmediata. Recuérdese que este lo modificó José Tadeo Monagas, fijando en la Constitución de 1857 –que se hizo «como traje a la medida»– el período de seis años con reelección inmediata.

Luego, la Constitución de 1864 –la del mariscal Falcón y los federales– mantiene el esquema electoral de la de 1858 y profundiza la federación, la autonomía de los estados, pasando Venezuela a llamarse Estados Unidos de Venezuela. Luego, con la Constitución de 1874 dimos un paso atrás. El general Guzmán Blanco dispuso eliminar el voto secreto, con lo que la limpieza del juego democrático se desvirtuó completamente, además de que redujo a dos años el período presidencial. Los dieciocho años de influencia del «Ilustre Americano» fueron de exacerbado culto a la personalidad y de acumulación de poder, en detrimento de las conquistas democráticas alcanzadas. En este sentido, una calamidad.

Los cambios constitucionales durante los años de la dictadura vitalicia del general Gómez siempre fueron a favor de sus intereses personales, buscando perfeccionar la perpetuación en el mando. Cuando el general López Contreras asume el gobierno, reduce constitucionalmente el período presidencial a cinco años y acaba con la reelección inmediata, en señal de espíritu democrático. Un paso adelante. Durante la administración del general Medina Angarita no se alcanzó la elección directa, perdida en tiempos de Guzmán Blanco, ni se instituyó el voto universal y directo, por más que el presidente Medina pensó hacerlo. Esto se logró con la Constitución de 1947, cuando los venezolanos, de la mano de Acción Democrática, perfeccionaron la Constitución de 1858. Si esta creó la elección directa, la de 1947 la hizo universal y secreta. El maestro Gallegos fue el presidente electo democráticamente en plenitud.

La Constitución de 1961 es idéntica a la de 1947 en esta materia. Fue en 1989 cuando se regresó a la Constitución de 1858. Entonces, gracias a una Ley Orgánica promulgada por Carlos Andrés Pérez, se eligieron directamente gobernadores y alcaldes. En verdad, era una deuda no saldada por la generación política que redactó el texto constitucional de 1961. La Constitución de 1999 asume la descentralización y la pluralidad como proyecto nacional, pero ya trae la reelección inmediata, retrotrayéndonos a los nefastos tiempos de Monagas. Ahora, el proyecto de reforma de Hugo Chávez, con la reelección indefinida, podría retrotraernos a tiempos monárquicos, como los cubanos de la actualidad, donde un mandatario, sin consentimiento del pueblo, ordena desde hace 48 años y le deja el poder a su hermano, como si se tratara de una monarquía hereditaria. ¿Parece un chiste? No, señores: en Latinoamérica el realismo mágico es permanentemente superado por la realidad.

2008

¿LA REELECCIÓN PRESIDENCIAL? NO

Los acontecimientos han puesto sobre la mesa el tema de la Enmienda Constitucional y, en aporte a esa discusión que recién se abre, van las líneas que siguen. En el momento de hipnosis casi general alrededor de Chávez y su proyecto delirante, en mi columna semanal ofrecí mis opiniones acerca de los artículos inconvenientes de la Constitución que se redactaba. Entre ellos, me detuve en el tema del período presidencial, la reelección y el tema excluido de la doble vuelta electoral. Vuelvo sobre mis pasos.

Las constituciones venezolanas han establecido períodos de dos, de cinco y de seis años. Hasta la Constitución de 1999, se había hecho tradición histórica el quinquenio, desde que Juan Vicente Gómez lo escogió, pero Hugo Chávez quiso extenderlo a seis años, inspirado en el período francés. A mí no me pareció conveniente cambiar el quinquenio por el sexenio por razones coyunturales en aquel momento(Chávez buscaba extender su mandato por esta vía y por la reelección), pero tampoco me parece conveniente no estando este caudillo al mando. Seis años de gobierno es un período muy largo para un país como el nuestro, en el que ha sido tan difícil darnos un gobierno medianamente efectivo. Un horizonte de cambio más cercano aceita los mecanismos de sustitución de los hombres en el poder y nos aleja de las crisis. Para muestra, basta el botón de lo que estamos padeciendo ahora.

La doble vuelta electoral es un mecanismo que ha demostrado ser eficiente en todos los países donde se ha implementado. Garantiza que el presidente electo gobierne con una mayoría suficiente como para que los problemas de ingobernabilidad queden suspendidos por un tiempo. Este mecanismo habría hecho imposibles administraciones sin sustento popular y parlamentario, como ocurrió durante los dos gobiernos de Caldera. No entendí por qué no se acogió el mecanismo en el momento de redactar la nueva Constitución, pero supongo que alguno de esos intereses subalternos que han empantanado la vida nacional estuvo presente. En la Enmienda Constitucional que se intenta, tendría que acogerse esta modalidad. Sería lo mejor.

El tema de la reelección es todavía más importante que los anteriores. Uno de los nudos gordianos de la venezolanidad ha sido el caudillismo, el mito del hombre fuerte y providencial, el personalismo que ha inundado todas las esferas de la vida pública y que ha hecho tan difícil la construcción de instituciones. La despersonalización del poder, por la que luchó Rómulo Betancourt y su generación denodadamente, sigue siendo un trabajo pendiente. Y más ahora cuando la quiebra de los partidos políticos nos trajo de vuelta el mito del caudillo, encarnado en un espíritu autoritario, con rasgos fascistas e izquierdistas, como es Chávez.

Que los líderes políticos se formen con el proyecto de gobernar durante un solo período y nada más haría de sus gestiones una apuesta definitiva y dificultaría que se formaran claques de intereses económicos mafiosos a su alrededor. Despejaría el tema espinoso de las generaciones de relevo, ya que ningún dinosaurio podría pararse en la puerta a cerrarles el paso a los relevistas. Todo el sistema estaría mejor lubricado, con mayor movilidad. La carrera política se haría comenzando desde la administración local o el parlamento, para luego probarse en una gobernación, de manera tal que los ciudadanos estarían casi a salvo de elegir a un gobernante que no se hubiese probado en ello. Así, el ejercicio del gobierno comenzaría a desmitologizarse y el elector sin cultura política comenzaría a comprender que no estaría eligiendo a un mesías que le ofrece la tierra prometida, sino a un hombre de carne y hueso que va a contribuir decisivamente con el funcionamiento eficiente del Estado, en función del desarrollo de las potencialidades de los ciudadanos. En democracia, con pleno ejercicio de las libertades políticas y económicas.

Si las razones que esgrimo en los párrafos anteriores no les convencen, piensen entonces en qué nos hemos beneficiado los venezolanos con el sistema de reelección que preveía la Constitución de 1961, todavía peor que el establecido por la actual: reelección, con diez años de por medio. Trajimos de vuelta a Pérez y a Caldera; con ello sepultamos las legítimas aspiraciones de las generaciones sucesoras, y tanto uno como el otro hicieron unos gobiernos que no estuvieron a la altura de las expectativas.

2004

NO A LA REPÚBLICA BOLIVARIANA

La Asamblea Nacional Constituyente, en ejercicio de un mínimo de sensatez que de pronto le asistió, negó al presidente Chávez el capricho, pero luego el presidente Chávez, que tele-dirige la Asamblea, le torció el brazo e impuso su voluntad. ¿La Asamblea es autónoma? No. ¿Puede alguien creer que los constituyentes actuaron libremente? No. ¿Qué presagian estas situaciones? Pues lo que hemos venido diciendo desde que el presidente Chávez era candidato: un gobierno de psicología militar, naturalmente autoritario, que responde a un delirante proyecto de hacer de Venezuela una República de fundamentos estatistas, controlada por un estamento militar y sustentada sobre un culto a la personalidad del Presidente de la República, todo ello bajo el patológico manto del bolivarianismo y, válgame Dios, en nombre de la democracia.

La psicología del militar moderno es cónsona con el ambiente democrático, pero no es esa la que parece imperar en la psique de quienes nos gobiernan. Para ellos, los adversarios no son ciudadanos con los que hay que convivir en sana paz; son enemigos que deben ser aplastados como tales. ¿Pruebas? Pues el ataque despiadado del presidente Chávez a Elías Pino Iturrieta, insultándolo, groseramente, sin la menor consideración con un hombre que está discutiendo con las armas de la razón y desde una tribuna civilizada. Para colmo, el Presidente de la República lo hace desde su programa de radio, con el eco natural que los medios le otorgan a sus palabras, aplastando un planteamiento que se hace desde la ingrimitud de la conciencia. Ya de por sí es un desfachatado abuso de poder lo que el presidente hace con los medios de que dispone, gracias al dinero nuestro, dejando en abierta desventaja a cualquier disidencia. ¿Ese va a ser el tono de su gobierno? ¿El atropello, la imposición a troche y moche de sus ideas sin respetar las de los demás?

Pero volvamos a la psicología de estos militares del siglo XIX. El Presidente de la República se siente el eje de una revolución romántica bolivariana, que asienta su teología sobre una herejía que hay que reparar: no haber llevado a cabo el programa de nuestro profeta Bolívar, hacer de su pueblo una suerte de inmenso ejército de pecadores que busca indemnizar una ofensa. La lógica es sencilla y, como casi todas las lógicas sencillas, encierra unas consecuencias aterradoras y, naturalmente, antidemocráticas. Cuando se es parte de un proyecto histórico revolucionario guiado por una suerte de ministro actual de un profeta del pasado, no se necesita ser muy erudito para saber que las consecuencias serán catastróficas para los disidentes, para los que no se sumen al coro de la revolución. Pero con el tiempo las consecuencias van a ser terribles para la mayoría, porque estos regímenes mesiánicos se asientan sobre la acumulación de poder de un solo hombre en detrimento de las grandes mayorías. En estos regímenes tiene lugar una confiscación de la voluntad general, una suerte de enajenación de la nación en ofrenda al líder plenipotenciario.

El teniente Otaiza lo ha dicho muy claro: esto es para largo, señores. Apenas está comenzando el proceso revolucionario de Chávez. Ya los primeros pasos están dados: elección de una Asamblea Nacional Constituyente de acólitos (salvo los cinco de la dignidad) que le debían hasta la manera de caminar al presidente y terminaron aceptando la desnuda verdad de su programa: la perpetuación en el poder mediante la creación de un período, sin justificación histórica alguna, de seis años, más la reelección inmediata; la no sujeción del estamento militar al civil, es decir, que los militares son un mundo aparte y privilegiado, prácticamente sin responsabilidad frente al mundo civil. Y, finalmente, esta ridiculez, este exabrupto inimaginable de llamar a una República con el apellido de su libertador. Es un contrasentido sangrante: lo que es público no puede ser personalizado sin perder su esencia. El día que nos comencemos a llamar República Bolivariana, simbólicamente habremos dejado de ser una República.

Caminamos, pues, hacia una dictadura militar con basamento legal, que sabrá, como el camaleón, tener su fachada democrática. Siempre habrá culpables en el pasado oprobioso a quienes echarles la culpa de los males de hoy. ¿La verdad? Una nación que en diez meses ha avanzado patéticamente hacia su empobrecimiento, perdiendo conquistas democráticas que se lograron con sudor y lágrimas en el pasado. Una nación que ve cómo el Presidente de la República barre con todas las instituciones y las voces disidentes para quedar solo, imperial, gobernando su ínsula de fantasías delirantes.

Todos los días le pido a Dios que ilumine a los venezolanos, que les dé la luz para comprender que estamos cavando nuestra propia tumba, que ya es tiempo de comenzar a decir NO, que va a ser tarde cuando el autoritarismo alcance la legalidad constitucional de sus actos.

1999

¿REELECCIÓN? NO

Si algo queda claro al examinar los rasgos principales de nuestra historia republicana es que el personalismo ha estado a la orden del día. No es este el espacio para ubicar la fuente de estos datos idiosincráticos, pero creo que nadie duda de que el caudillismo, la adoración del hombre providencial, el mesianismo son todas expresiones que apuntan a señalar la misma carencia: la colectividad depositando la plenitud de su confianza en un hombre que le resolverá la totalidad de sus problemas. Pensamiento mágico en su monda y lironda manifestación, pues.

Setenta años del siglo XIX, los correspondientes a la creación de la República de Venezuela por parte del general Páez y el último año de la centuria, estuvieron signados por la impronta de apenas cinco caudillos militares: el ya nombrado Páez, José Tadeo Monagas, Antonio Guzmán Blanco, Joaquín Crespo y Cipriano Castro. Todavía más aguda es la personalización del poder en el país durante la primera mitad del siglo XX: el general Gómez casi la ocupa completa, si consideramos que los generales López Contreras y Medina Angarita prolongaban el proyecto hegemónico tachirense. El primer líder civil de importancia histórica es Rómulo Betancourt y, precisamente, se negó a buscar de nuevo la Presidencia de la República cuando pudo hacerlo, dejando asentado que su proyecto político de vida pasaba por la creencia en la alternabilidad del poder y la no personalización de la política.

Con todo y que los demócratas venezolanos vienen trazando una parábola de enfrentamientos al personalismo desde 1928, y alcanzan la ansiada alternabilidad a partir de la transmisión de mando de Betancourt a Leoni y, todavía más significativamente aún con el traspaso de Leoni a Caldera, por representar a partidos distintos, lo cierto es que los hechos recientes y la figura mesiánica de Hugo Chávez confirman que la deficiencia personalista está lejos de haberse superado en Venezuela.

Si consideramos las reelecciones históricas ocurridas en el país y sus insatisfactorios resultados (Pérez y Caldera), pues no es descabellado preguntarse por la pertinencia o la conveniencia de este mecanismo. ¿En qué y cómo nos ha beneficiado reelegir a presidentes con diez años de por medio? ¿Acaso en el momento de reelegirlos no se contaba en el país con líderes preparados para dirigir la nave hacia puertos mejores? ¿Por qué la reelección con diez años de por medio, según la Constitución de 1961, y por qué la inmediata según la vigente de 1999? No encuentro razones convincentes ni para una ni para otra. En cambio, sí hallo muchas razones para considerarla inconveniente en sus dos modalidades.

Una de las batallas históricas, que los venezolanos tenemos pendiente, es la de derrocar el personalismo e instaurar instituciones más guiadas por liderazgos colectivos, que respondan a definiciones filosóficas comunitarias y no al capricho providencial del ungido de turno. Si aceptamos que el caudillismo es una de las rémoras fundamentales que nos obstaculizan la navegación plena, pues nada mejor que buscar torcerle el cuello a ese cisne narcisista, sobre todo si es perfectamente constatable que en nada nos beneficia y, por el contrario, ha mantenido vivas ambiciones anacrónicas que se han impuesto sacrificando a varias generaciones de aspirantes, impidiendo la sana renovación del elenco político. Pregunto de nuevo: ¿ganamos algo con ello?

Contamos con ejemplos cercanos que pueden iluminarnos el tránsito: Colombia, una República donde los liderazgos históricos se han realizado, una vez ejercida la presidencia, en otros ámbitos, sin que ello haya traído el ahogamiento de las nuevas generaciones, sino la renovación casi permanente del cuadro político. Otro ejemplo cercano: México, donde ha ocurrido algo similar a lo de Colombia, y los expresidentes con ánimo de ejercer funciones públicas han aceptado cargos naturalmente menores y, en muchos casos, los han ejercido aportando beneficios. Pienso en la dirección del Fondo de Cultura Económica por parte de Miguel de la Madrid, por solo citar un ejemplo.

Estoy convencido de que si adoptamos en la enmienda constitucional la no reelección absoluta, la tarea del político en el país, y sus perspectivas en el tiempo, cambiarían más radicalmente (y favorablemente) de lo que imaginamos. Ganaríamos mucho, contribuiríamos con el clima necesario de fortalecimiento de liderazgos colectivos, institucionales, partidistas, y contribuiríamos con la atenuación del demonio del poder eterno que, está visto, es un espíritu portentoso, de características nacionales e insaciables. Si el aspirante a pasar a la historia sabe que cuenta con un solo período de cinco años y nada más, pues se las jugará completas y, muy probablemente, el país se beneficie de esta limitación sin prórroga.

Por otra parte, los períodos de cuatro años que he visto que se proponen me parecen convenientes en el caso de sistemas donde opera la reelección inmediata, pero en esto que propongo, de no contemplarla de ninguna manera, el quinquenio se ajusta mejor a esa oportunidad única de gobierno. Por último, me he referido al caso de la reelección presidencial porque allí está el nudo de nuestra patología caudillista en su más álgida expresión. El caso de los gobernadores y alcaldes merece otras disquisiciones, pero no concluiría en que la reelección sería absolutamente inconveniente para estas autoridades.

2002

QUINQUENIO, DOBLE VUELTA, NO REELECCIÓN Y REFERÉNDUM REVOCATORIO

Ahora que el país parece encaminarse hacia situaciones propicias para efectuar los cambios necesarios, conviene comenzar a ventilar estos temas sustanciales que pertenecen, dada su radical importancia, a la esfera constitucional. Consta en este mismo espacio que me opuse frontalmente a muchos artículos de la Constitución de 1999. Las razones que tuve las expresé suficientemente en su momento y me llevaría todo el artículo repasarlas ahora. Vuelvo, eso sí, sobre algunas de las sustanciales.

En nuestra tradición republicana no vamos a hallar un período presidencial establecido de manera unánime. Los ha habido de cuatro años, de siete, de seis y de cinco, pero el quinquenio fue el que ratificó la Constitución de 1961, respetando la reducción del período que López Contreras había asumido en su momento. De modo que el quinquenio, si mis cálculos no fallan, es el período que más tiempo reinó entre nosotros: desde 1936 hasta 1999, incluyendo los momentos en que Pérez Jiménez hizo trampa en 1952, escamoteándole el triunfo a Jóvito Villalba y URD, y en 1957, cuando convocó aquel infeliz plebiscito, que fue el comienzo del fin. Pareciera que el metabolismo nacional, si es que de ello puede hablarse con propiedad, se avino con el quinquenio. Y una buena prueba de ello es que Chávez cumple cinco años en Miraflores, justo ahora cuando alrededor del 70% de los venezolanos le adversa.

Además de la tradición que invoco, podrían esgrimirse otras razones a favor del quinquenio, entre otras la proposición que luego esbozaré acerca de la no reelección presidencial. Si quien vaya a ser electo presidente sabe que solo gobernará la República durante un período, parece más apropiado entregarle el poder por cinco años que por cuatro o por seis. Cuatro es poco, seis es mucho, y cinco luce suficiente para que la historia condene su capacidad de administrar o la celebre. Es un término intermedio entre dos experiencias cercanas: la mexicana (seis) y la colombiana (cuatro), ambas, por cierto, sobre la base de la no reelección presidencial absoluta.

En cuanto a la doble vuelta, pues es una práctica electoral tan difundida y aceptada en el mundo occidental que casi no sería necesario argumentar a su favor, pero como está visto que los venezolanos solemos enterarnos de últimos, visitemos este aspecto un minuto. La doble vuelta resuelve el tema de la legitimidad proveniente de la fuerza electoral que elige al presidente. Dicho de otro modo, quien es electo es elegido por voluntad de una mayoría clara, de modo que nos evitaríamos gobiernos que comienzan a administrar en medio de una gran debilidad. Pero además, una vez establecida la ronda de la segunda vuelta, puede saberse hacia dónde van los caudales electorales que no participan en ella, quedando claro así, para todas las partes, a quiénes se le debe la elección. La reforma constitucional que se impone en el futuro tendría que considerar definitivamente este mecanismo de una vez por todas. No hay razones para postergarlo.

El argumento de mayor peso acerca de la no reelección presidencial absoluta esplende en una pregunta: ¿en qué nos hemos beneficiado los venezolanos de ella, tanto en la que contemplaba la Constitución del 61, como la vigente? En nada. Hemos padecido dos gobiernos de presidentes reelectos que dejaron mucho que desear y que, en todo caso, no fueron preferibles al hecho histórico de que sus liderazgos se impusieron siquitrillando generaciones de relevo de sus respectivos partidos. La no reelección nos evita estos liderazgos eternos, que van pasándole la cuchilla a líderes emergentes, y que terminan por importar más que las instituciones partidistas que ellos mismos crearon. Allí está el triste caso de Caldera, que se llevó por delante a su propia creación, una vez que esta democráticamente no lo escogió a él. Y terminará sus días con el partido que fundó en el esterero, y en cambio obtuvo una segunda presidencia que hubiera sido preferible para su biografía no ejercer.

¿Por qué no aprendemos del ejemplo de los mexicanos y los colombianos, que sabiamente no contemplan en sus constituciones la reelección de ninguna forma? Nuestros países, tan aquejados de la psicopatología del caudillismo, tan dominados por el titanismo mesiánico, tan poco dados a las construcciones colectivas, tan proclives al personalismo en todas sus formas, no tendrían que alimentar el mito del hombre providencial, del imprescindible. Por el contrario, constatada la deficiencia, debería ser una empresa colectiva la creación de instituciones políticas programáticas, que nos ayudaran a alejarnos del infantilismo político que supone creer que los mesías tienen poderes mágicos para resolver los entuertos. O las repúblicas son obras colectivas o no lo son. ¿Pruebas? Los años recientes son una cantera de populismo, mesianismo, pensamiento mágico, infantilismo de izquierda y demás necedades de las que tendríamos que aprender.

Un último punto: el referéndum revocatorio a mitad de período para todos los que han sido electos por voluntad popular es un logro de la Constitución del 99 que creo debe mantenerse. Volveré sobre el asunto.

2003

NO

Más allá de las razones para votar «no», que tienen como fuente el propio proyecto constitucional, es importante hacerlo porque hay valores en la vida que no son negociables. No podemos transigir con un gobierno que apela al chantaje como recurso de poder. Este es un recurso típico de las dictaduras y de los que se carcajean frente a los derechos humanos y la ley. No podemos darle el sí a un proyecto político que el propio Presidente de la República, con sus palabras, nos anuncia que no será democrático o ¿acaso no fue eso lo que dijo Chávez en La Habana? ¿Cómo podemos querer un proyecto político como el cubano, un sistema donde la libertad no existe, simplemente, donde los cubanos ni siquiera pueden darse el Presidente de la República que deseen otorgarse, para solo mencionar lo mínimo? Mientras argumento, me parece una pesadilla tener que hacerlo: es tan obvio que el régimen de Castro en Cuba es un fracaso que parece mentira tener que ventilar estos temas a estas alturas, pero qué le vamos a hacer si en Venezuela hemos descendido al sótano de la discusión política y estamos en una suerte de regresión infantil, con cretinismo incluido.

No podemos votar por un proyecto constitucional que va contra el sentido exitoso de los tiempos: en todas partes donde la prosperidad ha cundido lo ha hecho porque las garantías legales están inspiradas en principios democráticos, en división de poderes claros, donde la descentralización del poder político y administrativo se manifiesta sin trabas. La historia es clarísima: el poder concentrado conduce a regímenes personalistas, asfixiantes, donde las iniciativas personales (llámense empresas, medios de comunicación, libertad de expresión y de pensamiento, libertad de movimiento y de reunión) están supeditadas a una suerte de tutor castrante. ¿Cómo vamos a revivir a estas alturas la tesis del gendarme necesario que Vallenilla Lanz fabricó a la medida del general Gómez? Dios: no nos abandones frente a esta locura que amenaza con sumirnos en una mayor pobreza, siguiendo caminos que ya fracasaron en todas partes del mundo, bajo la bota militar de ángeles custodios, que fueron más terribles que benévolos, llámense seguidores de la dictadura del proletariado o fascistas, a secas.

Las reformas constitucionales que esperamos los venezolanos no son estas que acoge el proyecto constitucional. Queríamos una profundización mayor del proceso democrático, no una disminución de los canales de participación ciudadana en aras de la voluntad presidencial. Queríamos la reelección presidencial pero en períodos más cortos, inspirados en nuestras tradiciones políticas, y no este lapso de seis años, que no se funda en razones, sino otra vez, en una arbitrariedad del Presidente de la República. Queríamos la doble vuelta electoral, que solidifica el proceso democrático. Si estábamos hartos de la dictadura de los partidos, por fuerza de sus sinrazones y su corrupción, cómo vamos ahora a pasar de la dictadura de partidos a la dictadura de los caprichos presidenciales. ¿Por qué diablos nuestro destino tiene que ser negro si tenemos todas las herramientas en la mano para forjarnos el más libre y productivo de los futuros? ¿Por qué vamos a condenarnos a vivir sobre las bases de un proyecto político personalista, de naturaleza interventora, con más propensión a aislarnos del mundo que a integrarnos a la modernización, empeñado en revivir fantasmas del pasado, cuando el porvenir exige atención absoluta?

No podemos darle el sí a un proyecto político que encarna una minoría circunstancialmente elevada hasta la cima del poder. En el proyecto constitucional no se recoge el corazón de los valores nacionales. Es un proyecto sectario, no pluralista, que deja fuera de su país a millones de venezolanos que no nos sentimos identificados ni representados por lo que ocurre en suelo propio. El proyecto constitucional nos arrincona, nos deja fuera, nos vulnera. Más que el río ancho que desemboca en el mar, para usar una de estas metáforas que tanto le gustan al presidente, es un arroyo mezquino, que termina por reducirse a un tubo por el que pasa muy poca agua, mientras el torrente queda afuera.

Todos los regímenes autoritarios funcionan con una sola cámara, si bien no todos los sistemas unicamerales son autoritarios. La escogencia de la unicameralidad es inconveniente: se nos olvida que durante la mayor parte de nuestro período republicano hemos sido gobernados por caudillos, y que apenas cuarenta años de ejercicio del poder con instituciones democráticas no son suficientes como para haber alejado de nuestros gobernantes la tentación autoritaria. Una sola cámara no contribuye con la representación de la provincia ni con el contrapeso necesario frente a las posibles arbitrariedades del Poder Ejecutivo.

Finalmente, el símbolo de la conducta presidencial es el cambio de nombre de la República, allí se resume, como en un díctamo real, el tamaño de la arbitrariedad y el personalismo. El Libertador debe estar sacudiéndose en su tumba.

2000

CUANDO UN TEXTO REFLEJA UNA REALIDAD

Se sabe que los textos constitucionales pueden expresar la voluntad de una mayoría o pueden contener la voluntad de unos pocos. Sobre esta dicotomía los venezolanos contamos con un estoraque gigantesco: buena parte de nuestros caudillos se hizo redactar constituciones como quien se hace un traje a la medida, y la medida siempre fue la prolongación de su mandato. En pocas palabras: sabemos cómo son y quiénes son los que juegan en el marco del derecho sin creer en su sentido y propósito. Conviene recordar, pues, la Constitución venezolana de 1961, y celebrar los 25 años de la española, que recién los está cumpliendo.

La Constitución de España, promulgada por el rey el 27 de diciembre de 1978, después del referéndum de rigor en el que obtuvo 87,8% de votos a favor, recoge un sentir mayoritario de la nación ibérica. Contrasta con otro proceso constituyente y constitucional reciente que, dado su espíritu excluyente, dejó al margen del texto a cerca del 40% de los votantes, sin tomar en cuenta los altísimos niveles de abstención. ¿Hace falta decir a cuál proceso me refiero?

La Constitución española, al igual que la venezolana de 1961, se hizo con el cuidado de un orfebre. Buscaba, y lo logró, conciliar en una síntesis, al filo de la navaja, las distintísimas corrientes ideológicas que se disponían a iniciar el juego democrático. Algo similar a lo nuestro a partir del derrocamiento del dictador el 23 de enero de 1958: los excluidos buscando reglas para la participación de todos. El espíritu de la Constitución venezolana de 1999 no es este: allí imperó el viento de la retaliación, de la imposición de un proyecto ideológico por el que la izquierda nacional venía trabajando sin frutos desde hace casi un siglo. ¿El resultado? Un texto constitucional al que hasta sus redactores le encuentran tantos lunares como sus detractores iniciales, entre quienes me cuento.

En el momento del proceso español de tránsito de la dictadura hacia la democracia, no pocos españoles que vivieron lo mismo en Venezuela entre 1958 y 1961 recordaron los aciertos y las dificultades que tuvieron que sortear los protagonistas del nuevo orden. En muchos sentidos la transición venezolana fue ejemplar; también lo ha sido la española, y en ambos procesos el texto constitucional fue pieza clave de avenimiento para iniciar el juego democrático. Lo primero que hicieron los españoles fue lo elemental, que es siempre lo más difícil para los espíritus elementales: el reconocimiento el otro, la abolición del anatema. Entonces entró en juego el partido comunista español, con todo y lo que eso significaba, y se sentaron al lado, como habitantes de la misma comunidad histórica, Manuel Fraga Iribarne y Santiago Carrillo. Concluía así un largo capítulo de intolerancia y negaciones mutuas que condujo a España a la muerte, la desolación, la guerra y la pobreza. Nada más y nada menos.

La reconciliación venezolana pasa por el reconocimiento del otro, y en ello tienen el mayor encargo quienes han pretendido imponer un proyecto, que no es unánime, como si lo fuera. Superar ese estadio infantil en el que no puedo reconocer al adversario porque este se ha tornado en mi enemigo es una de las urgencias mayores de la venezolanidad en trance de buscar el avenimiento. Pero, insisto, la primera piedra de este edificio tienen que colocarla quienes soñaron con un país en el que la disidencia fuese una especie que se extinguió.

2004

ANEXOS DOCUMENTALES

ACTA DEL 19 DE ABRIL DE 1810

En la ciudad de Caracas a 19 de abril de 1810, se juntaron en esta sala capitular los señores que abajo firmarán, y son los que componen este muy ilustre Ayuntamiento, con motivo de la función eclesiástica del día de hoy, Jueves Santo, y principalmente con el de atender a la salud pública de este pueblo que se halla en total orfandad, no sólo por el cautiverio del señor Don Fernando VII, sino también por haberse disuelto la junta que suplía su ausencia en todo lo tocante a la seguridad y defensa de sus dominios invadidos por el Emperador de los franceses, y demás urgencias de primera necesidad, a consecuencia de la ocupación casi total de los reinos y provincias de España, de donde ha resultado la dispersión de todos o casi todos los que componían la expresada junta y, por consiguiente, el cese de sus funciones. Y aunque, según las últimas o penúltimas noticias derivadas de Cádiz, parece haberse sustituido otra forma de gobierno con el título de Regencia, sea lo que fuese de la certeza o incertidumbre de este hecho, y de la nulidad de su formación, no puede ejercer ningún mando ni jurisdicción sobre estos países, porque ni ha sido constituido por el voto de estos fieles habitantes, cuando han sido ya declarados, no colonos, sino partes integrantes de la Corona de España, y como tales han sido llamados al ejercicio de la soberanía interina, y a la reforma de la constitución nacional; y aunque pudiese prescindirse de esto, nunca podría hacerse de la impotencia en que ese mismo gobierno se halla de atender a la seguridad y prosperidad de estos territorios, y de administrarles cumplida justicia en los asuntos y causas propios de la suprema autoridad, en tales términos que por las circunstancias de la guerra, y de la conquista y usurpación de las armas francesas, no pueden valerse a sí mismos los miembros que compongan el indicado nuevo gobierno, en cuyo caso el derecho natural y todos los demás dictan la necesidad de procurar los medios de su conservación y defensa; y de erigir en el seno mismo de estos países un sistema de gobierno que supla las enunciadas faltas, ejerciendo los derechos de la soberanía que por el mismo hecho ha recaído en el pueblo, conforme a los mismos principios de la sabia Constitución primitiva de España, y a las máximas que ha enseñado y publicado en innumerables papeles la junta suprema extinguida. Para tratar, pues, el muy ilustre Ayuntamiento de un punto de la mayor importancia, tuvo a bien formar un cabildo extraordinario sin la menor dilación, porque ya pretendía la fermentación peligrosa en que se hallaba el pueblo con las novedades esparcidas, y con el temor de que por engaño o por fuerza fuese inducido a reconocer un gobierno ilegítimo, invitando a su concurrencia al señor Mariscal de Campo don Vicente de Emparan, como su presidente, el cual lo verificó inmediatamente, y después de varias conferencias, cuyas resultas eran poco o nada satisfactorias al bien público de este leal vecindario, una gran porción de él congregada en las inmediaciones de estas casas consistoriales, levantó el grito, aclamando con su acostumbrada fidelidad al señor Don Fernando VII y a la soberanía interina del mismo pueblo; por lo que habiéndose aumentado los gritos y aclamaciones, cuando ya disuelto el primer tratado marchaba el cuerpo capitular a la iglesia metropolitana, tuvo por conveniente y necesario retroceder a la sala del Ayuntamiento, para tratar de nuevo sobre la seguridad y tranquilidad pública. Y entonces, aumentándose la congregación popular y sus clamores por lo que más le importaba, nombró para que representasen sus derechos, en calidad de diputados, a los señores doctores José Cortés de Madariaga, canónigo de merced de la mencionada iglesia; doctor Francisco José de Rivas, presbítero; don José Félix Sosa y don Juan Germán Roscio, quienes llamados y conducidos a esta sala con los prelados de las religiones fueron admitidos, y estando juntos con los señores de este muy ilustre cuerpo entraron en las conferencias conducentes, hallándose también presentes el señor don Vicente Basadre, intendente del ejército y real hacienda, y el señor brigadier don Agustín García, comandante subinspector de artillería; y abierto el tratado por el señor Presidente, habló en primer lugar después de su señoría el diputado primero en el orden con que quedan nombrados, alegando los fundamentos y razones del caso, en cuya inteligencia dijo entre otras cosas el señor Presidente, que no quería ningún mando, y saliendo ambos al balcón notificaron al pueblo su deliberación; y resultando conforme en que el mando supremo quedase depositado en este Ayuntamiento muy ilustre, se procedió a lo demás que se dirá, y se reduce a que cesando igualmente en su empleo el señor don Vicente Basadre, quedase subrogado en su lugar el señor don Francisco de Berrío, fiscal de Su Majestad en la real hacienda; que cesase igualmente en su respectivo mando el señor brigadier don Agustín García, y el señor don Vicente de Anca, auditor de guerra, asesor general de gobierno y teniente gobernador, entendiéndose el cese para todos estos empleos; que continuando los demás tribunales en sus respectivas funciones, cesen del mismo modo en el ejercicio de su ministerio los señores que actualmente componen el de la real audiencia, y que el muy ilustre Ayuntamiento, usando de la suprema autoridad depositada en él, subrogue en lugar de ellos los letrados que merecieron su confianza; que se conserve a cada uno de los empleados comprendidos en esta suspensión el sueldo fijo de sus respectivas plazas y graduaciones militares; de tal suerte, que el de los militares ha de quedar reducido al que merezca su grado, conforme a ordenanza; que continúen las órdenes de policía por ahora, exceptuando las que se han dado sobre vagos, en cuanto no sean conformes a las leyes y prácticas que rigen en estos dominios legítimamente comunicadas, y las dictadas novísimamente sobre anónimos, y sobre exigirse pasaporte y filiación de las personas conocidas y notables, que no pueden equivocarse ni confundirse con otras intrusas, incógnitas y sospechosas; que han el muy ilustre Ayuntamiento para el ejercicio de sus funciones colegiadas haya de asociarse con los diputados del pueblo, que han de tener en él voz y voto en todos los negocios; que los demás empleados no comprendidos en el cese continúen por ahora en sus respectivas funciones, quedando con la misma calidad sujeto el mando de las armas a las órdenes inmediatas del teniente coronel don Nicolás de Castro y capitán don Juan Pablo de Ayala, que obrarán con arreglo a las que recibieren del muy ilustre Ayuntamiento como depositario de la suprema autoridad; que para ejercerla con mejor orden en lo sucesivo, haya de formar cuanto antes el plan de administración y gobierno que sea más conforme a la voluntad general del pueblo; que por virtud de las expresadas facultades pueda el ilustre Ayuntamiento tomar las providencias del momento que no admitan demora, y que se publique por bando esta acta en la cual también se insertan los demás diputados que posteriormente fueron nombrados por el pueblo, y que son el teniente de caballería don Gabriel de Ponte, don José Félix Ribas y el teniente retirado don Francisco Javier Ustáriz, bien entendido que los dos primeros obtuvieron sus nombramientos por el gremio de pardos, con la calidad de suplir el uno las ausencias del otro, sin necesidad de su simultánea concurrencia. En este estado notándose la equivocación padecida en cuanto a los diputados nombrados por el gremio de pardos se advierte ser sólo el expresado don José Félix Ribas. Y se acordó añadir que por ahora toda la tropa de actual servicio tenga prest y sueldo doble, y formaron y juraron la obediencia a este nuevo gobierno.

Vicente de Emparan; Vicente Basadre; Felipe Martínez y Aragón; Antonio Julián Álvarez; José Gutiérrez del Rivero; Francisco de Berrío; Francisco Espejo; Agustín García; José Vicente de Anca; José de las Llamosas; Martín Tovar Ponte; Feliciano Palacios; J. Hilario Mora; Isidoro Antonio López Méndez; licenciado Rafael González; Valentín de Rivas; José María Blanco; Dionisio Palacios; Juan Ascanio; Pablo Nicolás González; Silvestre Tovar Liendo; doctor Nicolás Anzola; Lino de Clemente; doctor José

Cortés, como diputado del clero y del pueblo; doctor Francisco
José Rivas, como diputado del clero y del pueblo; como diputado
del pueblo, doctor Juan Germán Roscio; como diputado del pueblo, doctor Félix Sosa; José Félix Ribas; Francisco Javier Ustáriz;
fray Felipe Mota, prior; fray Marcos Romero, guardián de San
Francisco; fray Bernardo Lanfranco, comendador de la Merced;
doctor Juan Antonio Rojas Queipo, rector del seminario; Nicolás
de Castro; Juan Pablo Ayala; Fausto Viaña, escribano real y del
nuevo Gobierno; José Tomás Santana, secretario del escribano.

Publicación del Acta del Ayuntamiento

En el mismo día, por disposición de lo que se manda en el
acuerdo que antecede, se hizo publicación de éste en los parajes
más públicos de esta ciudad, con general aplauso y aclamaciones del pueblo diciendo: ¡Viva nuestro rey Fernando VII, nuevo
Gobierno, muy ilustre Ayuntamiento y diputados del pueblo que
lo representa! Lo que ponemos por diligencia que firmamos los
infrascritos escribanos de que damos fe.

Viaña, Santana

ACTA DE LA INDEPENDENCIA

En el nombre de Dios Todopoderoso, nosotros, los representantes de las Provincias Unidas de Caracas, Cumaná, Barinas, Margarita, Barcelona, Mérida y Trujillo, que forman la Confederación Americana de Venezuela en el continente meridional, reunidos en Congreso, y considerando la plena y absoluta posesión de nuestros derechos, que recobramos justa y legítimamente desde el 19 de abril de 1810, en consecuencia de la jornada de Bayona y la ocupación del trono español por la conquista y sucesión de otra nueva dinastía constituida sin nuestro consentimiento queremos, antes de usar de los derechos de que nos tuvo privados la fuerza, por más de tres siglos, y nos han restituido el orden político de los acontecimientos humanos, patentizar al universo las razones que han emanado de estos mismos acontecimientos y autorizan el libre uso que vamos a hacer de nuestra soberanía.

No queremos, sin embargo, empezar alegando los derechos que tiene todo país conquistado, para recuperar su estado de propiedad e independencia; olvidamos generosamente la larga serie de males, agravios y privaciones que el derecho funesto de conquista ha causado indistintamente a todos los descendientes de los descubridores, conquistadores y pobladores de estos países, hechos de peor condición, por la misma razón que debería favorecerlos; y corriendo un velo sobre los trescientos años de dominación Española en América, sólo presentaremos los hechos auténticos y notorios que han debido desprender y han desprendido de derecho a un mundo de otro, en el trastorno, desorden y conquista que tiene ya disuelta la nación española.

Este desorden ha aumentado los males de la América, inutilizándole los recursos y reclamaciones, y autorizando la impunidad de los gobernantes de España para insultar y oprimir esta parte de la nación, dejándola sin el amparo y garantía de las leyes.

Es contrario al orden, imposible al gobierno de España, y funesto a la América, el que, teniendo ésta un territorio infinitamente más extenso, y una población incomparablemente más numerosa, dependa y esté sujeta a un ángulo peninsular del continente europeo.

Las sesiones y abdicaciones de Bayona, las jornadas del Escorial y de Aranjuez, y las órdenes del lugarteniente duque de Erg, a la América, debieron poner en uso los derechos que hasta entonces habían sacrificado los americanos a la unidad e integridad de la nación española.

Venezuela, antes que nadie, reconoció y conservó generosamente esta integridad por no abandonar la causa de sus hermanos, mientras tuvo la menor apariencia de salvación.

América volvió a existir de nuevo, desde que pudo y debió tomar a su cargo su suerte y conservación; como España pudo reconocer, o no, los derechos de un rey que había apreciado más su existencia que la dignidad de la nación que gobernaba.

Cuantos Borbones concurrieron a las inválidas estipulaciones de Bayona, abandonando el territorio español, contra la voluntad de los pueblos, faltaron, despreciaron y hollaron el deber sagrado que contrajeron con los españoles de ambos mundos, cuando, con su sangre y sus tesoros, los colocaron en el trono a despecho de la Casa de Austria; por esta conducta quedaron inhábiles e incapaces de gobernar a un pueblo libre, a quien entregaron como un rebaño de esclavos.

Los intrusos gobiernos que se abrogaron la representación nacional aprovecharon pérfidamente las disposiciones que la buena fe, la distancia, la opresión y la ignorancia daban a los americanos contra la nueva dinastía que se introdujo a España por la fuerza; y contra sus mismos principios, sostuvieron entre otros la ilusión a favor de Fernando, para devorarnos y vejarnos impunemente cuando más nos prometían la libertad, la igualdad y la fraternidad, en discursos pomposos y frases estudiadas, para encubrir el lazo de una representación amañada, inútil y degradante.

Luego que se disolvieron, sustituyeron y destruyeron entre sí las varias formas de gobierno de España, y que la ley imperiosa de la necesidad dictó a Venezuela el conservarse a sí misma para ventilar y conservar los derechos de su rey y ofrecer un asilo a sus hermanos de Europa contra los males que les amenazaban, se desconoció toda su anterior conducta, se variaron los principios y se llamó insurrección, perfidia e ingratitud a lo mismo que sirvió de norma a los gobiernos de España, porque ya se les cerraba la puerta al monopolio de administración que querían perpetuar a nombre de un rey imaginario.

A pesar de nuestras protestas, de nuestra moderación, de nuestra generosidad, y de la inviolabilidad de nuestros principios, contra la voluntad de nuestros hermanos de Europa, se nos declara en estado de rebelión, se nos bloquea, se nos hostiliza, se nos envían agentes a amotinarnos unos contra otros, y se procura desacreditarnos entre las naciones de Europa implorando sus auxilios para oprimirnos.

Sin hacer el menor aprecio de nuestras razones, sin presentarlas al imparcial juicio del mundo, y sin otros jueces que nuestros enemigos, se nos condena a una dolorosa incomunicación con nuestros hermanos; y para añadir el desprecio a la calumnia se nos nombran apoderados, contra nuestra expresa voluntad, para que en sus cortes dispongan arbitrariamente de nuestros intereses bajo el influjo y la fuerza de nuestros enemigos.

Para sofocar y anonadar los efectos de nuestra representación, cuando se vieron obligados a concedérnosla, nos sometieron a una tarifa mezquina y diminuta y sujetaron a la voz pasiva de los ayuntamientos, degradados por el despotismo de los gobernadores, la forma de la elección; lo que era un insulto a nuestra sencillez y buena fe, más bien que una consideración a nuestra incontestable importancia política.

Sordos siempre a los gritos de nuestra justicia, han procurado los gobiernos de España desacreditar todos nuestros esfuerzos declarando criminales y sellando con la infamia, el cadalso y la confiscación, todas las tentativas que, en diversas épocas, han hecho algunos americanos para la felicidad de su país, como lo fue la que últimamente nos dictó la propia seguridad, para no ser envueltos en el desorden que presentíamos, y conducidos a la horrorosa suerte que vamos ya a apartar de nosotros para siempre; con esta atroz política, han logrado hacer a nuestros hermanos insensibles a nuestras desgracias, armarlos contra nosotros, borrar de ellos las dulces impresiones de la amistad y de la consanguinidad, y convertir en enemigos una parte de nuestra gran familia.

Cuando nosotros, fieles a nuestras promesas, sacrificábamos nuestra seguridad y dignidad civil por no abandonar los derechos que generosamente conservamos a Fernando de Borbón, hemos visto que a las relaciones de la fuerza que le ligaban con el Emperador de los franceses ha añadido los vínculos de sangre y amistad, por lo que hasta los gobiernos de España han declarado ya su resolución de no reconocerle sino condicionalmente.

En esta dolorosa alternativa hemos permanecido tres años en indecisión y ambigüedad política, tan funesta y peligrosa, que ella sola bastaría a autorizar la resolución que la fe de nuestras promesas y los vínculos de la fraternidad nos habían hecho diferir, hasta que la necesidad nos ha obligado a ir más allá de lo que nos propusimos, impelidos por la conducta hostil y desnaturalizada de los gobiernos de España, que nos ha relevado del juramento condicional con que hemos sido llamados a la augusta representación que ejercemos.

Mas nosotros, que nos gloriamos de fundar nuestro proceder en mejores principios, y que no queremos establecer nuestra felicidad sobre la desgracias de nuestros semejantes, miramos y declaramos como amigos nuestros, compañeros de nuestra suerte, partícipes de nuestra felicidad, a los que, unidos con nosotros por los vínculos de la sangre, la lengua, la religión, han sufrido los mismos males en el anterior orden; siempre que, reconociendo nuestra *absoluta independencia* de él y de toda otra dominación extraña, nos ayuden a sostenerla con su vida, su fortuna y su opinión, declarándolos y reconociéndolos (como a todas las demás naciones) en guerra enemigos, y en paz amigos, hermanos y compatriotas.

En atención a todas estas sólidas, públicas e incontestables razones de política, que tanto persuaden la necesidad de recobrar la dignidad natural, que el orden de los sucesos nos han restituido, en uso de los imprescriptibles derechos que tienen los pueblos para destruir todo pacto, convenio o asociación que no llene los fines para los que fueron instituidos los gobiernos, creemos que no podemos ni debemos conservar los lazos que nos ligaban al gobierno de España, y que, como todos los pueblos del mundo, estamos libres y autorizados para no depender de otra autoridad que la nuestra, y tomar entre las potencias de la tierra, el puesto igual que el Ser Supremo y la naturaleza nos asignan y a que nos llama la sucesión de los acontecimientos humanos y nuestro propio bien y utilidad.

Sin embargo de que conocemos las dificultades que trae consigo y las obligaciones que nos impone el rango que vamos a ocupar en el orden político del mundo, y la influencia poderosa de las formas y habitudes a que hemos estado, a nuestro pesar, acostumbrados, también conocemos que la vergonzosa sumisión a ellas, cuando podemos sacudirlas, sería más ignominiosa para nosotros, y más funesta para nuestra larga y penosa servidumbre, y que es ya de nuestro indispensable deber proveer a nuestra conservación, seguridad y felicidad, variando esencialmente todas las formas de nuestra anterior constitución.

Por tanto, creyendo con todas estas razones satisfecho el respeto que debemos a las opiniones del género humano y a la dignidad de las demás naciones, en cuyo número vamos a entrar, y con cuya comunicación y amistad contamos, nosotros, los representantes de las Provincias Unidas de Venezuela, poniendo por testigo al Ser Supremo de la justicia de nuestro proceder y de la rectitud e nuestras intenciones, implorando sus divinos y celestiales auxilios, y ratificándole, en el momento en que nacemos a la dignidad, que su providencia nos restituye el deseo de vivir y morir libres, creyendo y defendiendo la santa, católica y apostólica religión de Jesucristo.

Nosotros, pues, a nombre y con la voluntad y autoridad que tenemos del virtuoso pueblo de Venezuela, declaramos solemnemente al mundo que sus Provincias Unidas son, y deben ser desde hoy, de hecho y de derecho, Estados libres, soberanos e independientes y que están absueltos de toda sumisión y dependencia de la Corona de España o de los que se dicen o dijeren sus apoderados o representantes, y que como tal Estado libre e independiente tienen un pleno poder para darse la forma de gobierno que sea conforme a la voluntad general de sus pueblos, declarar la guerra, hacer la paz, formar alianzas, arreglar tratados de comercio, límite y navegación, hacer y ejecutar todos los demás actos que hacen y ejecutan las naciones libres e independientes. Y para hacer válida, firme y subsistente esta nuestra solemne declaración, damos y empeñamos mutuamente unas provincias a otras, nuestras vidas, nuestras fortunas y el sagrado de nuestro honor nacional. Dada en Palacio Federal y de Caracas, firmada de nuestra mano, sellada con el gran sello provisional de la confederación, refrendada por el secretario del Congreso, a cinco días del mes de julio del año de mil ochocientos once, el primero de nuestra independencia.

Por la provincia de Caracas, Isidoro Antonio López Méndez, diputado de la ciudad de Caracas; Juan Germán Roscio, por el partido de la villa de Calabozo; Felipe Fermín Paúl, por el partido de San Sebastián; Francisco Javier Ustáriz, por el partido de San Sebastián; Nicolás de Castro, diputado de Caracas; Juan Antonio Rodríguez Domínguez, Presidente, diputado de Nutrias, en Barinas; Luis Ignacio Mendoza, Vicepresidente, diputado de Obispos, en Barinas; Fernando de Peñalver, diputado de Ospino; Salvador Delgado, diputado de Nirgua; el Márquez del toro, diputado de la ciudad de El Tocuyo; Juan Antonio Díaz Argote, diputado de La Villa de Cura; Gabriel de Ponte, diputado de Caracas; Juan José Maya, diputado de San Felipe; Luis José de Cazorla, diputado de Valencia; doctor José Vicente Unda, diputado de Guanare; Francisco Javier Yanes, diputado de Araure;

*Fernando Toro, diputado de Caracas; Martín Tovar Ponte, diputa-
do de San Sebastián; Juan Toro, diputado de Valencia; José Ángel de
Álamo, diputado de Barquisimeto; Francisco Hernández diputado
de San Carlos; Lino de Clemente, diputado de Caracas. Por la provincia de Cumaná, Francisco Javier de Mayz, diputado de la Capital; José Gabriel de Alcalá, diputado de la Capital; Juan Bermúdez,
diputado del Sur; Mariano de la Cova, diputado del Norte. Por la de
Barcelona, Francisco Miranda, diputado del Pao; Francisco Policarpo
Ortiz, diputado de San Diego. Por la de Barinas, Juan Nepomuceno
de Quintana, diputado de Achaguas; Ignacio Fernández, diputado
de la capital de Barinas; Ignacio Ramón Briceño, representante de
Pedraza; José de Sata y Bussy, diputado de San Fernando de Apure;
José Luis Cabrera, diputado de Guanarito; Ramón Ignacio Méndez,
diputado de Guasdalito; Manuel Palacio, diputado de Mijagual.
Por la de Margarita, Manuel Plácido Maneyro. Por la de Mérida,
Antonio Nicolás Briceño, diputado de Mérida; Manuel Vicente de
Maya, diputado de La Grita. Por la de Trujillo, Juan Pablo Pacheco.
Por la villa de Aragua, provincia de Barcelona, José María Ramírez.
Refrendado: Hay un sello. Francisco Isnardy, Secretario.*

Palacio Federal de Caracas, 8 de julio de 1811. Por la Confederación de Venezuela, el Poder Ejecutivo ordena que el Acta
antecedente sea publicada, ejecutada y autorizada con el sello del
Estado y Confederación.

*Cristóbal de Mendoza, Presidente en turno; Juan Escalona; Bal-
tasar Padrón; Miguel José Sanz, Secretario de Estado; Carlos Machado,
Canciller Mayor; José Tomás Santana, Secretario de Decretos.*

En consecuencia el supremo Poder Ejecutivo ordena y manda
que se pase oficio de ruego y encargo al muy reverendo Arzobis-
po de esta Diócesis, para que disponga que el día de la solemne
publicación de nuestra Independencia, que debe ser el domingo 14, se dé, como voluntariamente ha ofrecido y corresponde,
un repique de campanas en todas las iglesias de esta capital, que
manifieste el júbilo y alegría del virtuoso pueblo caraqueño y su

prelado apostólico. Y que en acción de gracias al Todopoderoso por sus beneficios, auxilios y suma bondad en restituirnos al estado en que su providencia y sabiduría infinita creó al hombre, se cante el 16 misa solemne con Tedeum en la Santa Iglesia Metropolitana, asistiendo a la función todos los cuerpos y comunidades en la forma acostumbrada.

Que se haga salva general por las tropas al acto de dicha publicación y se enarbole la bandera y el pabellón nacional en el cuartel de San Carlos, pasándose al efecto la orden al Gobernador militar por la Secretaría de Guerra; y desde hoy en adelante se use por todos los ciudadanos, sin distinción, la escarapela y divisa de la Confederación venezolana, compuesta de los colores azul celeste al centro, amarillo y encarnado a las circunferencias, guardando en ella uniformidad.

Que se ilumine por tres noches la ciudad, de un modo noble y sencillo, sin profusión ni gastos importunos, empezando desde el propio día domingo.

Que inmediatamente se reciba a la tropa el juramento de reconocimiento y fidelidad, prescrito por el Supremo Congreso, cuyo acto solemne se hará públicamente, y a presencia del referido gobernador militar y demás jefes de la guarnición.

Que en los días subsecuentes al de esta publicación, comparezcan ante S. A. el Supremo Poder Ejecutivo, todos los cuerpos de esta ciudad, políticos, eclesiásticos y militares, a prestar el propio juramento, y que por lo embarazoso y dispendioso que se haría este acto, si hubiesen de prestarlo también todos los individuos ante S. A., se comisiona a los alcaldes de cuartel, para que con la escrupulosidad, circunspección y exactitud que corresponde en materia tan delicada, procedan a tomarle, y recibirle por la fórmula que se les comunicará, conforme a lo prescrito por el Supremo Congreso, concurriendo a sus casas, o donde señalaren los de cada cuartel, desde el miércoles 17 del corriente, a las nueve de la mañana hasta la una; y por la tarde, desde las cuatro hasta las siete de la noche; prevenidos de que este juramento será el acto característico de su naturalización y calidad de ciudadano, como también de la obligación en que quedará el Estado a proteger su honor, persona y bienes; sentado en un libro esta operación que deben firmar los juramentados, si supieren, o en su defecto otro a su ruego, cuyo libro deberán remitir dentro de veinte días, que se asignan de término para esto, a la Secretaría de Estado para archivarse.

Que se pase por las respectivas secretarías aviso a los comandantes militares y políticos de los puertos de La Guaira y Cabello, y a las demás justicias y regimientos de las ciudades, villas y lugares de esta provincia, con copia del acta, y decreto del Supremo Congreso, relativo a ella, para que se dispongan su ejecución, publicación y cumplimiento, y se haga el juramento, según queda ordenado.

Que se comunique también a las provincias confederadas para su inteligencia y observancia como lo ordena el Supremo Congreso. Y finalmente, que en el concepto de que por la declaratoria de independencia han obtenido los habitantes de estas provincias y sus confederadas, la dignidad y honrosa vestidura de ciudadanos libres, que es lo más apreciable de la sociedad, el verdadero título del hombre racional, el terror de los ambiciosos y tiranos, y el respeto y consideración de las naciones cultas, deben por lo mismo sostener a toda costa esta dignidad, sacrificando sus pasiones a la razón y a la justicia, uniéndose afectuosa y recíprocamente; y procurando conservar entre sí la paz, fraternidad y confianza que hacen respetables, firmes y estables los estados, cuyos miembros proscriben las preocupaciones insensatas, odios y personalidades, que tanto detestan las sabias máximas naturales, políticas y religiosas; en el concepto de que el Supremo gobierno sabe muy bien que no hay para los ciudadanos nada más sagrado que la patria, ni más digno de castigo que lo contrario a sus intereses; y que por lo mismo sabrá imponer con la mayor severidad las penas a que se hagan acreedores los que de cualquier modo perturben la sociedad y se hagan indignos de los derechos que han recuperado por esta absoluta independencia ya declarada, y sancionada legítimamente con tanta razón, justicia, conveniencia y necesidad.

El Supremo Poder Ejecutivo, finalmente, exhorta y requiere, ordena y manda a todos y a cada uno de los habitantes, que uniéndose de corazón y resueltos de veras, firmes, fuertes y constantes, sostengan con sus facultades corporales y espirituales la gloria que con tan sublime empresa adquieren en el mundo, y conservarán en la historia con inmortal renombre. Dado en el Palacio Federal de Caracas, firmado de los ministros que componen el supremo Poder Ejecutivo, sellado con el provisional de la Confederación, y refrendado del infrascrito secretario, con ejercicio de decretos.

Cristóbal de Mendoza, Presidente en turno. *Juan de Escalona. Baltazar Padrón. José Tomás Santana,* Secretario.

CONSTITUCIÓN FEDERAL PARA LOS ESTADOS DE VENEZUELA *

Hecha por los Representantes de Margarita, de Mérida, de Cumaná, de Barinas, de Barcelona, de Trujillo, y de Caracas, reunidos en

CONGRESO GENERAL
EN EL NOMBRE DE DIOS TODOPODEROSO

Nos el Pueblo de los Estados de Venezuela, usando de nuestra Soberanía, y deseando establecer entre nosotros la mejor administración de justicia, procurar el bien general, asegurar la tranquilidad interior, proveer en común a la defensa exterior, sostener nuestra Libertad e Independencia política, conservar pura e ilesa la sagrada religión de nuestros mayores, asegurar perpetuamente a nuestra posteridad el goce de estos bienes, y estrecharnos mutuamente con la más inalterable unión, y sincera amistad, hemos resuelto confederarnos solemnemente para formar y establecer la siguiente Constitución, por la cual se han de gobernar y administrar estos Estados.

Preliminar

Bases del Pacto Federativo que ha de constituir la Autoridad general de la Confederación

En todo lo que por el Pacto Federal no estuviere expresamente delegado a la Autoridad general de la Confederación, conservará cada una de las Provincias que la componen, su Soberanía, Libertad e Independencia: en uso de ellas, tendrán el derecho exclusivo de arreglar su Gobierno y Administración territorial, bajo las leyes que crean convenientes, con tal que no sean las comprendidas en esta Constitución, ni se opongan o perjudiquen a los mismos Pactos Federativos que por ellas se establecen. Del mismo derecho gozarán todos aquellos territorios que por división del actual o por agregación a él, vengan a ser parte de esta Confederación cuando el Congreso General reunido les declare la representación de tales o la obtengan por aquella vía y forma que él establezca para las ocurrencias de esta clase cuando no se halle reunido.

Hacer efectiva la mutua garantía y seguridad que se prestan entre sí los Estados, para conservar su libertad civil, su independencia política y su culto religioso es la más sagrada de las facultades de la Confederación, en quien reside exclusivamente la Representación Nacional. Por ella está encargada de las relaciones extranjeras, de la defensa común y general de los Estados Confederados, de conservar la paz pública contra las conmociones internas, o los ataques exteriores, de arreglar el comercio exterior, y el de los Estados entre sí, de levantar y mantener ejércitos, cuando sean necesarios para mantener la libertad, integridad, e independencia de la Nación, de construir y mantener bajeles de guerra, de celebrar y concluir tratados y alianzas con las demás Naciones, de declararles la guerra, y hacer la paz, de imponer las contribuciones indispensables para estos fines, u otros convenientes a la seguridad, tranquilidad, y felicidad común, con plena y absoluta autoridad para establecer las Leyes generales de la unión, juzgar, y hacer ejecutar cuanto por ellas queda resuelto y determinado.

El ejercicio de esta autoridad confiada a la Confederación, no podrá jamás hallarse reunido en sus diversas funciones. El Poder Supremo debe estar dividido en Legislativo, Ejecutivo, y Judicial, y confiado a distintos Cuerpos independientes entre sí, en sus respectivas facultades. Los individuos que fueren nombrados para ejercercerlas, se sujetarán inviolablemente al modo, y reglas que en esta Constitución se les prescriben para el cumplimiento, y desempeño de sus destinos...

Y por cuanto el Supremo Legislador del Universo ha querido inspirar en nuestros corazones la amistad y unión más sinceras entre nosotros mismos y con los demás habitantes del Continente Colombiano que quieran asociársenos para defender nuestra Religión, nuestra Soberanía natural y nuestra Independencia; por tanto, nosotros, el referido pueblo de Venezuela, habiendo ordenado con entera libertad la Constitución precedente que contiene las reglas, principios y objetos de nuestra Confederación y alianza perpetua, tomando a la misma Divinidad por testigo de la sinceridad de nuestras intenciones e implorando su poderoso auxilio para gozar por siempre las bendiciones de la libertad y de los imprescindibles derechos que hemos merecido a su beneficencia generosa, nos obligamos y comprometemos a observar y cumplir inviolablemente todas y cada una de las cosas que en ella se comprenden, desde que sea ratificada en la forma que en la misma se previene, protestando, sin embargo, alterar y mudar en cualquier tiempo esta resoluciones conforme a la mayoría de los pueblos de Colombia que quieran reunirse en un Cuerpo nacional para la defensa y conservación de su libertad e independencia política, modificándolas, corrigiéndolas y acomodándolas oportunamente y a pluralidad y de común acuerdo entre nosotros mismos en todo lo que tuviere relaciones directas con los intereses generales de los referidos pueblos y fuere convenido por el órgano de sus legítimos Representantes reunidos en un Congreso general de la Colombia o de alguna parte considerable de ella y sancionado por los comitentes, constituyéndonos entre tanto en esta Unión todas y cada una de las provincias que concurrieron a formarla, garantes las unas a las otras de la integridad de nuestros respectivos territorios y derechos esenciales con nuestras vidas, nuestras fortunas y nuestro honor y confiamos y recomendamos la inviolabilidad y conservación de esta Constitución a la fidelidad de los Cuerpos legislativos, de los Poderes Ejecutivos, Jueces y empleados de la Unión y de las Provincias, y la vigilancia y virtudes de los padres de familia, madres, esposas y ciudadanos del Estado.

Dada en el Palacio Federal de Caracas, a veintiuno de Diciembre del año del Señor mil ochocientos once, primero de nuestra independencia.

---

*Hemos transcrito el Preliminar y la Coda del texto constitucional exclusivamente.

LEY FUNDAMENTAL DE COLOMBIA

«El Soberano Congreso de Venezuela, a cuya autoridad han querido voluntariamente sujetarse los pueblos de la Nueva Granada, recientemente libertados por las armas de la República, y considerando:

1. Que reunidas en una sola República las provincias de Venezuela y de la Nueva Granada tienen todas las proporciones y medios de elevarse al más alto grado de poder y prosperidad;

2. Que constituidas en Repúblicas separadas, por más estrechos que sean los lazos que las unan, bien lejos de aprovechar tantas ventajas, llegaría difícilmente a consolidar y hacer respetar su Soberanía;

3. Que estas verdades altamente penetradas por todos los hombres de talentos superiores y de un ilustrado patriotismo habían movido los Gobiernos de las dos Repúblicas a convenir en su reunión, que las vicisitudes de la guerra impidieron verificar.

Por todas estas consideraciones de necesidad y de interés recíproco y con arreglo al informe de una Comisión Especial de Diputados de la Nueva Granada y de Venezuela, en el nombre y bajo los auspicios del Ser Supremo, ha decretado y decreta la siguiente Ley Fundamental de la República de Colombia:

Artículo 1.- Las Repúblicas de Venezuela y la Nueva Granada quedan desde este día reunidas en una sola bajo el título glorioso de República de Colombia.

Artículo 2.- Su territorio será el que comprendían la antigua Capitanía General de Venezuela y el Virreinato del Nuevo Reino de Granada, abrazando una extensión de 115.000 leguas cuadradas, cuyos términos precisos se fijarán en mejores circunstancias.

Artículo 3.- Las deudas que las dos Repúblicas han contraído separadamente son reconocidas *in solidum* por esta Ley como Deuda Nacional de Colombia, a cuyo pago quedan vinculados todos los bienes y propiedades del Estado, y se destinarán los ramos más productivos de las Rentas Públicas.

Artículo 4.- El Poder Ejecutivo de la República será ejercido por un Presidente y, en su defecto, por un Vicepresidente, nombrados ambos interinamente por el actual Congreso.

Artículo 5.- La República de Colombia se dividirá en tres grandes Departamentos: Venezuela, Quito y Cundinamarca, que comprenderá las provincias de la Nueva Granada, cuyo nombre queda desde hoy suprimido. Las capitales de estos Departamentos serán las ciudades de Caracas, Quito y Bogotá, quitada la adición de Santa Fe.

Artículo 6.- Cada Departamento tendrá una Administración superior y un Jefe, nombrado por ahora por este Congreso con título de Vicepresidente.

Artículo 7.- Una nueva ciudad, que llevará el nombre del Libertador Bolívar, será la capital de la República de Colombia. Su plan y situación se determinarán por el Primer Congreso General bajo el principio de proporcionarla a las necesidades de los tres Departamentos y a la grandeza a que este opulento país está destinado por la Naturaleza.

Artículo 8.- El Congreso General de Colombia se reunirá el 1.° de enero de 1821 en la villa del Rosario de Cúcuta, que por todas circunstancias se considera el lugar más bien proporcionado. Su convocatoria se hará por el Presidente de la República el 1.° de enero de 1820, con comunicación del Reglamento para las elecciones, que será formado por una Comisión especial y aprobado por el Congreso actual.

Artículo 9.- La Constitución de la República de Colombia será formada por su Congreso General, a quien se presentará en clase de Proyecto la que ha decretado el actual, y que con las leyes dadas por él mismo se pondrá, desde luego, por vía de ensayo, en ejecución.

Artículo 10.- Las armas y el pabellón de Colombia se decretarán por el Congreso General, sirviéndose entretanto de las Armas y Pabellón de Venezuela, por ser más conocido.

Artículo 11.- El actual Congreso se pondrá en receso el 15 de enero de 1820, debiendo procederse a nuevas elecciones para el Congreso General de Colombia.

Artículo 12.- Una Comisión de seis miembros y un Presidente quedará, en lugar del Congreso, con atribuciones especiales que se determinarán por un Decreto.

Artículo 13.- La República de Colombia será solemnemente proclamada en los Pueblos y en los Ejércitos, con fiestas y regocijos públicos, verificándose en esta capital el 25 del corriente diciembre en celebridad del nacimiento del Salvador del Mundo, bajo cuyo patrocinio se ha logrado esta deseada reunión, por la cual se regenera el Estado.

Artículo 14.- El aniversario de esta regeneración política se celebrará perpetuamente con una Fiesta Nacional, en que se premiarán como en las de Olimpia las virtudes y las luces. La presente Ley Fundamental de la República de Colombia será promulgada solemnemente en los Pueblos y en los Ejércitos, inscrita en todos los Registros Públicos y depositada en todos los Archivos de los Cabildos, Municipalidades y Corporaciones, así Eclesiásticas como Seculares.

Dada en el Palacio del Soberano Congreso de Venezuela en la ciudad de Santo Tomás de Angostura, a diecisiete días del mes de diciembre, del año del Señor mil ochocientos diecinueve, noveno de la Independencia.

El Presidente del Congreso, Francisco Antonio Zea.- Juan Germán Roscio.- Manuel Cedeño.- Juan Martínez.- José España.- Luis Tomás Peraza.- Antonio N. Briceño.- Eusebio Afanador.- Francisco Conde.- Diego Bautista Urbaneja.- Juan Vicente Cardoso.- Ignacio Muñoz.- Onofre Basalo.- Domingo Alzuru.- José Tomás Machado.- Ramón García Cádiz. -El Diputado Secretario, Diego de Vallenilla.

Palacio del Soberano Congreso de Venezuela.

En Angostura, a 17 de diciembre de 1819.- 9.°

El Soberano Congreso decreta que la presente Ley Fundamental de la República de Colombia sea comunicada al Supremo Poder Ejecutivo por medio de una Diputación para su ubicación

y cumplimiento.- El Presidente del Congreso, Francisco Antonio
Zea.- El Diputado Secretario, Diego de Vallenilla.

Palacio del Gobierno en Angostura.

A 17 de diciembre de 1819.- 9.°

Imprímase, publíquese, ejecútese y autorícese con el Sello
del Estado.

Simón Bolívar. Por su Excelencia el Presidente de la República.- El Ministro del Interior y de la Justicia, Diego B. Urbaneja».

CONSTITUCIÓN DEL ESTADO DE VENEZUELA, FORMADA POR LOS DIPUTADOS DE LAS PROVINCIAS DE CUMANÁ, BARCELONA, MARGARITA, CARACAS, CARABOBO, CORO, MARACAIBO, MÉRIDA, BARINAS, APURE Y GUAYANA *

EN EL NOMBRE DE DIOS TODOPODEROSO, AUTOR Y SUPREMO LEGISLADOR DEL UNIVERSO

Nosotros los representantes del Pueblo de Venezuela reunidos en Congreso, a fin de formar la más perfecta unión, establecer la justicia, asegurar la tranquilidad doméstica, proveer a la defensa común, promover la felicidad general, y asegurar el don precioso de la libertad, para nosotros y para nuestros descendientes, ordenamos y establecemos la presente Constitución.

TÍTULO 1.º *De la nación Venezolana y de su territorio.*

Art. 1.º La nación venezolana es la reunión de todos los venezolanos bajo un mismo pacto de asociación política para su común utilidad.

Art. 2.º La nación venezolana es para siempre e irrevocablemente libre e independiente de toda potencia o dominación extranjera, y no es ni será nunca el patrimonio de ninguna familia ni persona.

Art. 3.º La soberanía reside esencialmente en la nación y no puede egercerse sino por los poderes políticos que establece esta Constitución.

Art. 4.º Son agentes de la nación los magistrados, jueces y demás funcionarios investidos de cualquiera especie de autoridad, y como tales, responsables de su conducta pública.

Art. 5.º El territorio de Venezuela comprende todo lo que antes de la transformación política de 1810 se denominaba capinía general de Venezuela. Para su mejor administración se dividirá en provincias, cantones y parroquias, cuyos límites fijará la ley.

TÍTULO 2.º *Del Gobierno de Venezuela.*
Art. 6.º El gobierno de Venezuela es y será siempre republicano, popular, representativo, responsable y alternativo.
Art. 7.º El pueblo no ejercerá por sí mismo otras atribuciones de la soberanía que la de las elecciones primarias, ni depositará el ejercicio de ella en una sola persona.
Art. 8.º El poder supremo se dividirá para su administración en legislativo, ejecutivo y judicial. Cada poder ejercerá las atribuciones que le señale esta Constitución, sin excederse de sus límites respectivos.

TÍTULO 3.º *De los Venezolanos.*
Art. 9.º Los Venezolanos lo son por nacimiento y por naturalización.
Art. 10. Son Venezolanos por nacimiento:
1.º Los hombres libres que hayan nacido en el territorio de Venezuela.
2.º Los nacidos de padre o madre venezolanos en cualquier parte del territorio que componía la República de Colombia.
3.º Los nacidos en países extranjeros de padres Venezolanos ausentes en servicio, o por causa de la República, o con expresa licencia de autoridad competente.
Art. 11. Son Venezolanos por naturalización:
1.º Los no nacidos en el territorio de Venezuela que el 19 de Abril de1810 estaban domiciliados en cualquier punto de él, y hayan permanecidos fieles a la causa de la independencia.
2.º Los hijos de Venezolano o Venezolana nacidos fuera del territorio de Venezuela, no estando sus padres ausentes en servicio o por causa de la República, lo serán, luego que vengan a Venezuela y manifiesten del modo que determine la ley su voluntad de domiciliarse.
3.º Los extranjeros con carta de naturaleza conforme a la ley.

4.º Los nacidos en cualquiera de las otras dos secciones que formaban la República de Colombia, que estén domiciliados, o se domicilien en adelante en Venezuela.

5.º Los extranjeros que hayan hecho servicios importantes a la causa de la independencia, precediendo la correspondiente declaratoria.

TÍTULO 4.º *De los deberes de los Venezolanos.*

Art.12. Son deberes de cada Venezolano: vivir sometido a la constitución y a las Leyes, respetar a las autoridades que son sus órganos: contribuir a los gastos públicos; y estar pronto en todo tiempo a servir y defender a la patria, haciéndole el sacrificio de sus bienes y de su vida si fuere necesario.

TÍTULO 5.º *De los derechos políticos de los Venezolanos.*

Art. 13. Todos los Venezolanos pueden elegir y ser elegidos para los destinos públicos, si están en el goce de los derechos de ciudadano, si tienen la aptitud necesaria, y concurren en ellos los demás requisitos que prescriben la Constitución y la Leyes.

Art. 14. Para gozar de los derechos de ciudadano se necesita:

1.º Ser Venezolano.

2.º Ser casado, o mayor de 21 años.

3.º Saber leer y escribir; pero esta condición no será obligatoria hasta el tiempo que designe la Ley.

4.º Ser dueño de una propiedad raíz cuya renta anual sea cincuenta pesos, o tener una profesión, oficio, o industria útil que produzca cien pesos anuales, sin dependencia de otro en clase de sirviente doméstico, o gozar de un sueldo anual de ciento cincuenta pesos.

Art. 15. Los derechos de ciudadano se pierden:

1.º Por naturalizarse en país extranjero.

2.º Por admitir empleo de otro gobierno sin permiso del Congreso teniendo alguno de honor o de confianza en la República.

3.º Por comprometerse a servir contra Venezuela.

4.º Por condenación a pena corporal o infamatoria, mientras no se obtenga rehabilitación.

Art. 16. Los derechos de ciudadano se suspenden:

1.º Por enajenación mental.

2.º Por la condición de sirviente doméstico.

3.º Por ser deudor fallido.

4.º Por ser deudor de plazo cumplido a fondos públicos.

5.º En los vagos declarados tales.

6.º En los ebrios por costumbre.

7.º En los que tengan causa criminal pendiente.

8.º Por interdicción judicial.

Dada en el Salón del Congreso Constituyente y firmada con general asentimiento por todos los diputados presentes en la Ciudad de Valencia a 22 días del mes de Setiembre del año del Señor de 1830.- 20 de la independencia.

El Presidente del Congreso, *Dr. Miguel Peña,* diputado por la provincia de Carabobo. El Vicepresidente, *J. de Dios Picón,* diputado por Mérida. *Ramón Delgado,* diputado por Barinas. *Francisco Javier Yánez,* diputado por Caracas. *Alejo Fortique,* diputado por Caracas. *Ramón Troconis,* diputado por Maracaibo. *Jean Joseph Osío,* diputado por Carabobo. *Dr. José Manuel de los Ríos,* diputado por Carabobo. *Manuel Olavarría,* diputado por Carabobo. *José F. Unda,* diputado por Barinas. *Andrés Narvarte,* diputado por Caracas. *José E. Gallegos,* diputado por Maracaibo. *Francisco Conde,* diputado por Barinas. *Carlos Soublette,* diputado por Carabobo. *J. José Pulido,* diputado por Carabobo. *José María Tellería,* diputado por Coro. *Vicente Michelena,* diputado por Caracas. *José Grau,* diputado por Cumaná. *Manuel Vicente Huizi,* diputado por Caracas. *J. Manuel Landa,* diputado por Carabobo. *Andrés G. Albizu,* diputado por Carabobo. *Francisco T. Pérez,* diputado por Carabobo. *José Luis Cabrera,* diputado por Caracas. *Manuel de Urbina,* diputado por Coro. *Francisco Avendaño,* diputado por Cumaná. *Rafael de Guevara,* diputado por Margarita. *Juan de Dios Ruiz,* diputado por Mérida. *Ángel Quintero,* diputado por Caracas. *Hilario Sistiaga,* diputado por Carabobo. *Francisco Mejía,* diputado por Cumaná. *Manuel Cala,* diputado por Carabobo. *Eduardo A. Hurtado,* diputado por Barcelona. *Martín Tovar,* diputado por

Caracas. *Matías Lovera*, diputado por Barcelona. *B. Balda*, diputado por Barinas. *A. J. Soublette*, diputado por Guayana. *Manuel Quintero*, diputado por Caracas. *J. E. González*, diputado por Maracaibo. *José Vargas*, diputado por Caracas. *J. Álvarez*, diputado por Guayana. *S. Navas Spínola*, diputado por Apure. *P. P. Díaz*, diputado por Caracas. *Lucio Troconis*, diputado por Mérida. *Antonio Febres Cordero*, diputado por Barinas.

El Secretario *Rafael Acevedo.*

Valencia setiembre 24 de 1830.

Cúmplase, publíquese y circúlese como lo previene el decreto del soberano Congreso expedido ayer para el efecto.

El Presidente del Estado.

JOSÉ. PÁEZ

Por S. E. el Secretario interino del despacho del Interior.

Antonio L. Guzmán.

El Secretario de Estado en los despachos de Guerra y Marina.

Santiago Mariño.

El Secretario de Estado en los despachos de Hacienda y Relaciones Exteriores.

Santos Michelena.

---

*Reproducimos solo el Preámbulo y los firmantes.

BIBLIOGRAFÍA

ALMARZA, Ángel, *19 de abril de 1810. Último acto de fidelidad al Rey de España*. Caracas, Editorial Los Libros Marcados, 2010.

AMUNÁTEGUI, Miguel Luis, *Vida de don Andrés Bello*. Santiago, Embajada de Venezuela en Chile, 1962.

BARALT, Rafael María y Ramón Díaz, *Resumen de la Historia de Venezuela*. París, Desclée, De Brouwer, 1939.

CARRERA DAMAS, Germán, Carole Leal Curiel, Georges Lomné y Frederic Martínez, *Mitos políticos en las sociedades andinas. Orígenes, invenciones y ficciones*. Caracas, Equinoccio-Universidad Simón Bolívar, 2006.

ELLIOT, John E., *Imperios del mundo atlántico. España y Gran Bretaña en América (1492-1830)*. Madrid, Editorial Taurus, 2006.

JARAMILLO, Mario, Javier Ocampo López, Gustavo Adolfo Quesada, Carlos José Reyes, Clément Thibaud y José Fernando Ocampo, *1810. Antecedentes, desarrollo y consecuencias*. Bogotá, Editorial Taurus, 2010.

LOMBARDI BOSCÁN, Ángel R., *Banderas del rey*. Maracaibo, Ediciones del Rectorado, Universidad Cecilio Acosta, 2006.

PLAZA, Elena y Ricardo Combellas, *Procesos constituyentes y reformas constitucionales en la Historia de Venezuela: 1811-1999,* Tomos I y II. Caracas, Universidad Central de Venezuela, 2005.

PONTE, Andrés F., *La revolución de Caracas y sus próceres*. Caracas, Litografía Miangolarra, 1960.

QUINTERO, Inés, *La conjura de los mantuanos*. Caracas, Universidad Católica Andrés Bello, 2008.

YANES, Francisco Javier, *Relación documentada de los principales sucesos ocurridos en Venezuela desde que se declaró Estado independiente hasta el año de 1821*. Caracas, Editorial Élite, 1943.
VARIOS AUTORES, *Diccionario de Historia de Venezuela*. Caracas, Fundación Polar, 1997.

Compilaciones documentales

-*Acta del 19 de abril. Documentos de la Suprema Junta de Caracas*. Caracas, Concejo Municipal de Caracas, 1960. Introducción Enrique Bernardo Núñez.
-*Constitución Federal de Venezuela de 1811*. Caracas, Academia Nacional de la Historia, 1959. Introducción Caracciolo Parra Pérez.
-*El pensamiento constitucional hispanoamericano*, V Tomos. Caracas, Academia Nacional de la Historia, 1961.
-*Textos oficiales de la Primera República de Venezuela*. Tomos I y II. Caracas, Academia Nacional de la Historia, 1959. Introducción Cristóbal L. Mendoza.
-*Las constituciones de Venezuela*. Caracas, Academia de Ciencias Políticas y Sociales, 2008. Introducción Allan R. Brewer-Carías.

ÍNDICE ONOMÁSTICO

www.ingramcontent.com/pod-product-compliance
Lightning Source LLC
Chambersburg PA
CBHW031849090426
42741CB00005B/419